날마다 천국을 향해

날마다 천국을 향해

지은이 | 진희근
초판 발행 | 2020. 12. 16

등록번호 | 제1988-000080호
등록된 곳 | 서울특별시 용산구 서빙고로 65길 38
발행처 | 사단법인 두란노서원
영업부 | 2078-3352   FAX | 080-749-3705
출판부 | 2078-3331

책값은 뒤표지에 있습니다.
ISBN 978-89-531-3923-7 03230   Printed in Korea

독자의 의견을 기다립니다.
tpress@duranno.com   www.duranno.com

두란노서원은 바울 사도가 3차 전도여행 때 에베소에서 성령 받은 제자들을 따로 세워 하나님의
말씀으로 양육하던 장소입니다. 사도행전 19장 8-20절의 정신에 따라 첫째 목회자를 돕는 사역과
평신도를 훈련시키는 사역, 둘째 세계선교(TIM)와 문서선교(단행본·잡지) 사역, 셋째 예수문화 및 경배
와 찬양 사역, 그리고 가정·상담 사역 등을 감당하고 있습니다. 1980년 12월 22일에 창립된 두란
노서원은 주님 오실 때까지 이 사역들을 계속할 것입니다.

오 늘 을
살게 하는
소   망

날마다
천국을
향   해

진희근 지음

두란노

진희근 목사님만큼 목양일념으로 말없이 달려오신 목회자를 만나기가 쉽지 않습니다. 목사님은 많은 사람이 기웃거리는 세상 명예와 영광이 있는 곳을 가까이하지 않으셨습니다. 올곧게 말씀을 따라 달려오셨습니다. 진 목사님이 그렇게 하실 수 있었던 이유를 《날마다 천국을 향해》라는 책 제목을 보고 금방 알 수 있었습니다. 근간에 천국을 주제로 한 책을 거의 보지 못했는데, 귀한 책이 발간된 것을 기쁘게 여기고 축하합니다.

예수님은 생명을 주려고 이 땅에 오셨습니다. 예수님은 회당장 야이로의 딸, 나인성 과부의 아들, 나사로를 살리셨습니다. 이들을 살리신 것은 예수님이 생명을 주시는 분임을 선포하시려는 데 의미가 있습니다. 여기서 생기는 의문은 '예수님은 왜 다른 죽은 자는 살리지 않으시는가?' 하는 것입니다. 그 이유는 예수님이 주시려는 생명은 현재 우리가 세상에서 누리는 생명이 아니기 때문입니다.

현재의 생명은 늙고 병들다가 죽는 보잘것없는 생명입니다. 이 생명을 좀 더 연장하거나 다시 사는 것이 무슨 의미가 있겠습니까. 앞서 세 사람은 살아났지만 결국 그들이 남긴 것은 무덤뿐입니다. 예수님이 주시려는 생명은 예수님의 부활에서 드러난 완전하고도 영원한 생명입니다. 그리고 그 생명을 누릴 곳이 천국입니다. 천국은 그리스도인이 지향하는 궁극적 목적지입니다. 진 목사님은 광야에서 가나안을 향하던 이스라엘의 삶을 언급함으로써 그리스도인의 소망을 말씀하십니다. 이 책은 이 소망을 담고 우리를 천국으로 끌어당깁니다.

천국을 바라본다고 해서 현실의 삶을 가볍게 여기는 것은 결코 아닙니다. 오히려 천국에 마음을 둘수록 현실에서 더 그리스도인답게 살게 됩니다. 성 어거스틴은 《하나님의 도성》에서 성도와 교회를 "길 위의 존재"라고 했습니다. 길 위의 존재란 나그네를 말합니다. 그리스도인은 천국을 향하는 나그네입니다. 나그네는 짐이 가벼울수록 좋기에 세상 욕망에 고착되지 않고 절제하고 인내하면서 구름에 달 가듯이 유유히 천국을 향해 나아갑니다. 엘림은 가나안이 아니라는 진 목사님의 메시지는 엘림을 가나안으로 착각한 채 이 세상에 고착된 성도들에게 경종을 울립니다. 이 책을 읽음으로써 이미 마음은 천국에 가는 듯합니다. 진 목사님이 이 책을 쓰도록 은혜를 주신 하나님을 찬양하며, 목사님의 수고에 경의를 표합니다.

김운성 영락교회 위임목사

저자와는 파릇파릇 새 움 돋던 1974년 봄, 아차산 선지동산에서 신학도로 처음 만났다. 청년 시절 만난 우리가 시니어가 되어 은퇴를 앞두고 있으니 새삼 시간이 빠르다는 것을 실감한다. 45년이 지나는 동안 많은 목회자를 만났지만 진희근 목사야말로 하나님의 종으로서의 영성, 품성, 지성을 지닌, 목회자 중의 목회자다. 또한 설교는 하나님의 말씀을 입으로 전하는 것이 아니라 삶으로 전하는 것이기에, 진희근 목사는 설교자 중의 설교자다.

진희근 목사는 은퇴를 목전에 두고 시니어 목사의 진액을 담은 설교집 《날마다 천국을 향해》를 출간했다. 존 번연(John Bunyan)의 《천로역정》처럼 탈교회 시대, 전방위적 위기 시대에 성도들이 인생 여정에서 무엇을 붙들고 살아야 하는지를 가르쳐 주는 말씀으로 가득하다. 한 말씀, 한 말씀이 진희근 목사가 성경과 기도의 깊은 샘에서 길어 올린 생명의 복음이다. 나도 설교자의 한 사람으로 이런 귀한 말씀을 읽게 되어 감사하고 기쁨으로 추천하는 바다. 모든 교역자와 성도에게 일독을 권한다. **류영모** 한소망교회 위임목사

존경받는 목회자 진희근 목사님이 오직 목양일념의 정신으로 써 내려간 《날마다 천국을 향해》는 우리 삶의 본질적이며 궁극적 질문의 해답을 제시하는 책입니다. 자칫 비본질적인 것에 빠져서 허우적거리는 우리의 삶을 진단하고, 삶의 주인이신 하나님의 관점에서 성경적 대안을 처방합니다.

이 책은 천국 가이드북입니다. 그러나 일방적이거나 무겁지 않습니다. 마치 소프트아이스크림처럼 부드럽게 시작해 마지막에는 스스로 천국의 기둥을 세워 가도록 도와줍니다. 과도한 이상주의자가 되어 현실을 무시하거나, 현재에 매몰되어 미래를 상실하지 않도록 이끌어 주는 지혜가 담겨 있습니다. 정보 홍수의 시대를 살아가는 현대인들에게 진리의 빛을 비추어 천국을 바라보도록 개안의 도구로 사용될 수 있습니다. 동시에 교회 안에 있지만 삶의 궁극적 목적지에 대한 확신이 희미한 사람들에게는 순례자로서의 본분을 감당하도록 채근합니다. 저자는 내용뿐 아니라 배열에도 지혜로움을 더했습니다. 각각 전해진 메시지이지만 일관성이 갖추어져 독자들에게 친근감과 더불어 거룩한 호기심을 강화하도록 배려했습니다.

그동안 가족 구원을 위해 간절한 마음으로 기도하며 일상에서 덕을 세우기 원했던 분들이 사랑을 담아 선물하기에 매우 유용하리라 확신합니다. 요즘처럼 코로나19가 일상이 된 때에 지쳐 있는 우리 자신과 이웃에게 생수 같은 시원함을 주는 이 책은 일상에 의심을 달고 사는 사람들에게 백신처럼 쓰임 받을 것입니다. 이미 주님 안에서 소망을 가진 이들에게는 거룩한 동기를 유발하는 촉매제로 제격이라 생각합니다. 아울러 기독교 신앙에 입문하는 분들과 다른 사람들을 진리로 이끄는 평신도 지도자들에게도 강력하게 추천합니다. **오정호** 새로남교회 담임목사

진희근 목사님은 산과 같은 분이십니다. 사계절 내내 그 자리에서 우리를 맞이하는 산처럼 늘 한결같으시기 때문입니다. 산에는 큰 산도 있고 나지막한 언덕 같은 산도 있습니다. 진희근 목사님은 큰 산처럼 항상 그 자리에서 설교를 통해 강력한 메시지를 주기도 하시고, 때로는 나지막한 언덕처럼 편안한 음성으로 새벽기도회를 인도하기도 하십니다. 그때마다 목사님이 전하시는 설교에 약방의 감초처럼 빠지지 않는 주제가 바로 "천국 소망"입니다. 처음과 끝이 한결같은 목사님의 메시지는 천국으로 가는 길을 안내하는 이 시대의 천국 가이드가 틀림없습니다.

이 책은 글로 듣는 은혜로운 천국 설교로, 남녀노소 누구나 어렵지 않게 들을 수 있습니다. 이 땅에서 열심히 살다 보니 천국을 놓친 이들에게, 혹은 천국은 너무 먼 이야기라면서 천국 소망을 포기한 이들에게 전하는 천국 소망 메시지입니다. 그렇기에 이 책은 천국 내비게이터가 천국으로 가는 길을 소상하게 알려 주는 신실한 지침서라고 해도 무리가 없을 것 같습니다.

이 책은 이 세상에서 가장 좋은 것과 가장 좋은 곳을 알려 줍니다. 바로 '구원'과 '천국'입니다. 진희근 목사님은 "우리의 궁극적 소망은 무엇일까요?"라는 화두를 던지십니다. 그리고 바로 이렇게 답하십니다. "주님의 재림이요, 천국에 들어가는 것입니다." 목사님의 진실하고 소박한 소망은 성도들이 행복하면 행복할수록, 건강하면 건강할수록 더욱더 천국을 사모하면서 살면 좋겠다는 것입니다.

혹시 지금 사방이 막혀 어둠 가운데 있는 성도라면 이 책을 통해 천국 소망의 불씨를 살려 보기 바랍니다. 눈을 위로 향해 하늘나라에 초점을 두게 되기를 바랍니다. 흠으로 점철된 당신의 삶에 힘이 가득해질 것입니다. 아울러 지상에서도 천국을 맛볼 수 있을 것입니다.

우리는 천국을 향해 걸어가는 나그네입니다. 천국으로 가는 길은 먼 곳에 있지도, 그리 어렵지도 않습니다. 이 책을 통해 그 길을 함께 걷게 되기를 바랍니다. 천국 가이드와 함께하는 천국 여정은 참 평안합니다. 그렇게 우리 모두 천국에서 꼭 만나기를 소망합니다. **이내화** 이내화성공전략연구소 대표이 땅에서 우리의 인생은 나그네 삶입니다. 우리는 본향인 천국을 향해 가는 나그네입니다. 우리의 본향은 하늘이고, 그곳은 하나님이 우리를 위해 예비하신 곳입니다. 천국에서 우리는 영원히 살 것입니다.

중요한 것은 본향을 찾아가는 이 땅의 여정입니다. 이 땅의 여정은 영생과 직결된 문제이기에 이보다 더 중요한 것은 없습니다. 물론 우리는 신앙생활을 하고 있지만, 이것이 마지막 승리를 보장해 주지는 않습니다. 사도 바울은 이렇게 말합니다. "그러므로 나의 사랑하는 자들아 너희가 나 있을 때뿐 아니라 더욱 지금 나 없을 때에도 항상 복종하여 두렵고 떨림으로 너희 구원을 이루라"(빌 2:12). 사도 베드로는 이렇게 권면합니다. "외모로 보시지 않고 각 사람의 행위대로 심판하시는 이를 너희가 아버지라 부른즉 너희가 나그네로 있을 때를 두려움으로 지내라"(벧전 1:17).

우리는 "몸은 죽여도 영혼은 능히 죽이지 못하는 자들을 두려워하지 말고 오직 몸과 영혼을 능히 지옥에 멸하실 수 있는 이를 두려워하라"(마 10:28)라는 예수님의 말씀을 기억하며 두려워할 것을 두려워할 줄 알아야 합니다.

이스라엘의 광야 여정은 천국을 향해 가는 우리의 여정을 예표합니다. 홍해를 건넌 것은 세례를 의미하고, 광야생활은 신앙생활을 뜻합니다. 또한 요단강을 건넌 것은 육체의 죽음을 가리키고, 가나안 땅에 들어간 것은 천국 입성을 보여 줍니다. 신앙생활을 하는 우리는 지금 광야를 통과하고 있습니다. 그런데 광야를 통과하는 과정은 결코 쉽지 않습니다. 좁은 길을 걷는 것이고, 성경은 이를 '영적 전쟁'이라고 말합니다. 그러므로 정신을 차리고 거룩한 긴장감을 안고 신앙생활을 해야 합니다.

우리가 광야 길에서 특별히 조심해야 하는 순간이 있습니다. 하나는 마라를 만날 때이고, 또 하나는 엘림을 만날 때입니다. 이스라엘 백성은 출애굽을 하고 홍해를 기적적으로 건넜습니다. 그 후 3일 길을 간 후 마라에 도착했습니다. 마라에서 쓴 물을 만난 그들은 하나님을 원망하기 시작했습니다(출 15:22-24). 불과 3일 전에 하나님을 찬양했던 그들이 물이 떨어지자마자 하나님을 원망한 것입니다. 이 모습은 우리의 모습이기도 합니다. 감사하다가도 조그마한 어려움이 생기면 하나님을 원망하고 불평합니다.

하나님이 마라를 주신 이유를 다 알 수는 없습니다. 하지만 분명한 것은 마라는 기도하라고 주신 것이라는 사실입니다. 마라는 자칫 잘못하면 믿음을 잃어버릴 수 있는 위험한 곳이지만, 한편 기도 응답을 받은 기회이고 하나님의 은혜와 사랑을 체험할 수 있는 놀라운 자리이기도 합니다.

혹 마라를 경험하고 있습니까? 마라에서 기도를 응답받는 기회를 잡을 수 있기를 바랍니다. 모세가 여호와께 부르짖었을 때 하나님이 해결책을 제시해 주셨습니다(출 15:25-26).

하나님은 우리에게 또한 엘림을 주십니다. "그들이 엘림에 이르니 거기에 물 샘 열둘과 종려나무 일흔 그루가 있는지라 거기서 그들이 그 물 곁에 장막을 치니라"(출 15:27). 엘림은 오아시스였습니다. 물 샘이 12개나 되고 종려나무가 70그루나 있었습니다. 우리에게는 마라만 있는 것이 아닙니다. 마라 이후에는 엘림이 있습니다.

그런데 마라도 위험하지만 엘림도 위험한 곳이기는 마찬가지입니다. 마라에는 천국 가는 길을 포기하게 할 위험이 있지만, 엘림에는 천국에 대한 소망을 잃어버리게 할 위험이 있습니다. 너무 좋으니까 '여기에 집 짓고 살자'는 마음이 들 수 있습니다. 성경은 이스라엘 백성이 엘림에서 장막(텐트)을 쳤다고 말합니다.

장막은 임시 거처입니다. 잠시 머물러 지친 몸을 누이고 쉬었다가 새 힘을 얻은 다음 장막을 걷고 가나안을 향해 출발하는 장소가 엘림인 것입니다. 그러니 아무리 좋아도 이 땅의 복에 마음을 빼앗기면 안 됩니다. 이 땅은 잠시 머물다 가는 곳이요, 우리는 천국을 향해 가는 순례자입니다.

엘림이 가나안은 아닙니다. 아무리 편하고 좋아도 이 땅이 천국은 아닙니다. 우리의 천국은 저 하늘나라입니다. 천국에 대한 소망은 요한계시록에 잘 나와 있습니다(계 21:1-4). 이 땅에서 고통스러운 때를 만나거든 천국이 있음을 기억하며 천국을 사모하기 바랍니다. 동시에 풍요로울 때 천국은 이보다 더 좋은 곳임을 생각할 수 있어야 합니다. 땅의 것에 일희일비하지 않고 천국 소망을 누리면서 살아가는 참 소망의 사람들이 되기를 바랍니다.

2004년도에 상영된 톰 행크스(Tom Hanks) 주연의 "터미널"이라는 영화가 있습니다. 동유럽의 작은 나라 크로코지아에 사는 나보스키라는 사람의 이야기입니다. 그는 미국 뉴욕을 방문했다가 환승차 존에프케네디 공항에 머물렀는데, 그사이에 크로코지아에 쿠데타가 일어나 정권이 바뀌어 버렸습니다. 제대로 정리되지 않은 탓에 졸지에 고국이 유령국가가 되었습니다. 나보스키는 뉴욕으로 돌아갈 수도 없고, 고국으로 돌아갈 수도 없는 상황이 되어 할 수 없이 공항 터미널에서 하루하루 연명하며 지내야 했습니다. 그곳에서 돈벌이를 하고 많은 사람을 만나면서 오로지 고향으로 돌아갈 꿈을 안고 견뎠습니다. 그러다 드디어 9개월 뒤 나라가 안정을 되찾아 집에 갈 수 있게 되었습니다.

집으로 돌아가는 마지막 장면이 특히 인상적입니다. 나보스키는 뉴욕의 아름다움에 마음을 빼앗기지 않았습니다. 그의 소망은 오로지 고향으로 가는 것이었습니다. "어디로 가십니까?"라는 사람들의 물음에 "내 집으로요"(I'm going home)라고 답하며 미소 짓는 그의 얼굴은 어떤 것으로도 표현할 수 없는 기쁨을 나타냅니다.

이 질문을 여러분에게 하고 싶습니다. 당신은 지금 어디로 가고 있습니까? "천국으로요"라고 대답할 수 있기를 바랍니다.

우리는 이 땅의 여정을 마치고 천국에서 주님과 영원히 살 것입니다. 이 땅의 삶은 길 위의 삶입니다. 마라냐, 엘림이냐는 그리 중요하지 않습니다. 마라도 지나가고, 엘림도 지나갑니다. 우리는 길 위에 살지 않습니다. 길은 통과하는 곳이고, 중요한 곳은 목적지입니다. 그러니 길에 마음을 빼앗기지 맙시다. 목적지인 천국에 초점을 맞추며 살아갑시다. 지금 당신의 관심은 어디에 있습니까? 길입니까, 목적지입니까? 이 세상입니까, 천국입니까?

"타는 목마름으로 천국을 갈망하며 날마다 천국을 향해 직진하는 삶을 사십시오." 24년간 섬겼던 사랑하는 승리교회 성도들에게 전하고 싶은 마지막 말입니다. "하나님 아버지, 제 설교를 듣는 모든 사람이 다 구원받게 해 주십시오." 평소에 입버릇처럼 되뇌던 기도입니다. 저의 이 소망을 책에 담았습니다.

24년간 한결같이 저를 믿고 따라 주시고 기도해 주신 승리교회 성도들에게 진심으로 감사드립니다. 또한 저의 목회 멘토이신 소망교회 곽선희 원로목사님께도 감사드립니다. 저의 스승이시며 결혼 주례자셨던 고(故) 박창환 학장님께도 감사드립니다.

아울러 지혜로운 내조자로, 사역의 동역자로 늘 저의 기쁨과 위로가 되어 주는 사랑하는 아내와 격려와 힘이 되는 아들 내외에게도 감사합니다. 추천사를 써 주신 영락교회 김운성 목사님, 한소망교회 류영모 목사님, 새로남교회 오정호 목사님과 이내화 집사님께 감사를 드립니다. 이 책이 나오기까지 수고하신 동역자들과 두란노서원에게도 감사드립니다. 모든 감사와 영광을 하나님께 돌립니다.

2020년 12월
진희근 목사

1 장

천국을 잃어버린

당신에게

밤은 결코 영원하지 않으며
반드시 아침은 옵니다

살면서 '깊은 곳'을 만나거든
위를 보세요

우리는 인생을 살면서 때때로 밤을 만납니다. '깊은 곳'(시 130:1)을 만납니다. 그러나 우리는 왜 사랑이시고 전능하신 하나님이 사랑하는 자녀에게 이 같은 인고의 시간을 주시는지 알 수 없습니다. 그래서 고통의 때에 "하나님, 제게 왜 이런 고통을 주십니까?" 하며 항변하기도 합니다.

그러나 이 질문에는 원망과 교만이 들어 있다는 사실을 알고 있나요? 하나님이 설명하시면 우리가 다 알 수 있습니까? 전능자이신 하나님의 일을 우리가 어떻게 이해할 수 있을까요? 하나님은 우리의 왕이시고 우리는 그분의 백성인데, 백성이 왕에게 "당신은 왜 그렇게 통치하십니까?"라고 항변할 권한이 있습니까? 백성은 단지 통치자에게 복종할 따름입니다.

하나님은 우리의 왕이십니다. 왜 이런 고통을 주시냐고 따질수 없습니다. 하나님은 우리에게 설명할 의무도 없으십니다. 우리가 이해할 수 있는 것은 단지 하나님은 사랑이시요 전능하신 분이라는 사실입니다. '전능하신 하나님의 뜻으로 이 일이 일어났으니 분명 여기에는 하나님의 깊은 뜻이 있을 것이다'라고 생각해야 합니다. 그리고 그 이유가 '사랑'일 것이라는 믿음으로 전진하는 것이 신앙인의 마땅한 태도입니다.

어두운 밤을 만나고 깊은 절망에 빠질 때 우리는 자칫 잘못하면 신앙을 잃어버릴 수 있습니다. 인생에 깊은 밤이 찾아오는 것은 신앙에서 큰 위기입니다. 그런데 '위기'는 '위험'과 '기회'의 합성어라는 사실을 기억하십시오. 어둡고 깊은 곳은 오히려 기도와 겸손을 배우고 하나님과 진정한 만남을 가질 수 있는 기회의 현장이기도 합니다.

혹 지금 깊은 곳에 있습니까? 영혼의 밤을 보내고 있습니까? 그렇다면 인생의 깊은 곳, 어두운 밤에 어떻게 하면 좋을까요? 본문인 시편 130편에는 고통에 처한 한 시인의 절규가 담겨 있습니다. 그는 깊은 어둠 속에서 하나님께 부르짖었습니다. "여호와여 내가 깊은 곳에서 주께 부르짖었나이다 주여 내 소리를 들으시며 나의 부르짖는 소리에 귀를 기울이소서 여호와여 주께서 죄악을 지켜보실진대 주여 누가 서리이까"(시 130:1-3).

그는 하나님께 "왜 저를 이 깊은 곳에 떨어뜨려 놓으셨습니까?" 하며 따지고 반문하지 않았습니다. 부르짖어 기도했습니다. 깊은 곳은 바라볼 곳이라고는 오직 하나님 한 분뿐이시기에, 기도하기 가장 좋은 장소이기도 합니다.

높은 곳을 떠올려 보십시오. 모든 일이 계획대로 이루어지고, 건강하고, 평안하고, 때로 화려한 삶을 살아갈 때는 하나님만 바라보기가 정말 어렵습니다. 123층 롯데월드타워 전망대나 63빌딩 전망대에 올라간 사람들 중에 하늘을 보는 사람이 많을까요, 땅을 보는 사람이 많을까요? 아마도 대부분의 사람들은 땅을 내려다볼 것입니다. 발아래 전망이 매우 수려하고 신기하기에 아래를 향하는 눈을 들어 하늘을 바라보기란 매우 어렵습니다.

반면 깊은 곳은 어떻습니까? 가장 밑바닥인지라 더 이상 내려다볼 곳이 없으니 위만 봅니다. 사방이 다 막혀 있기에 하늘만 바라봅니다. 두 눈을 오직 하나님께로만 향합니다. 그러므로 깊은 곳은 정말 힘들고 어려운 자리이지만 하나님만 바라보며 기도하기에 최적의 장소입니다.

혹 지금 하나님이 깊은 곳에 두셨습니까? '하나님이 기도하게 하려고 나를 이곳에 두셨구나!'라고 해석하십시오. 하나님이 나를 버리셨다고 생각해서는 절대로 안 됩니다. 깊은 곳은 결코 버림받은 장소가 아니며, 기도하라고 하나님이 초청하신 자리입니다.

한번은 믿음 좋은 성도님의 병문안을 간 적이 있습니다. 침대에 누워 계셔야 했기에 "얼마나 답답하십니까…" 하고 위로했더니 이렇게 말씀하셨습니다. "목사님! 저는 괜찮습니다. 저는 지금 정말 행복합니다. 하나님이 하나님만 바라보라고 저에게 특별 면회를 신청하셨거든요." 침대에 누운 환자가 천장 외에 어디를 볼 수 있겠습니까. 그러나 입원실 천장 너머에 계신 하나님을 뵈올 수 있기에 입원실 침대, 그 자리가 하나님과의 특별 면회 장소가 된 것입니다. 위만 보게 되는 것, 하나님을 바라볼 수밖에 없는 것은 어찌 보면 우리에게 복입니다.

깊은 곳은
진짜 복된 장소입니다

언제 사람이 진정한 회개를 할 수 있을까요? 역설적이지만, 잘될 때가 아니라 어렵고 힘들 때입니다.

구약 시대 선지자 요나를 생각해 봅시다. 요나는 니느웨에 가서 "회개하지 않으면 40일 후 니느웨가 무너지리라"라는 심판과 경고의 말씀을 전하라는 하나님의 명령을 받았습니다. 원수의 나라 앗수르의 수도에 가서 회개를 전하라고 하시다니, 요나는 이해할 수가 없었습니다. 이에 요나는 하나님의 명령을 감히 거역하고 니느웨와 정반대 방향인 다시스로 가는 배를 타고 도망갔습니다. 이후 요나는 큰 풍랑을 만나고, 바다에 던져지고, 큰 물고기에게 잡아먹혔습니다. 그리고 그 물고기 배 속에서, 가장 깊은 바다 심연에서 요나는 하나님을 만났습니다.

"요나가 물고기 배 속에서 그의 하나님 여호와께 기도하여 이르되 내가 받는 고난으로 말미암아 여호와께 불러 아뢰었더니 주께서 내게 대답하셨고 내가 스올의 배 속에서 부르짖었더니 주께서 내 음성을 들으셨나이다 주께서 나를 깊음 속 바다 가운데에 던지셨으므로 큰 물이 나를 둘렀고 주의 파도와 큰 물결이 다 내 위에 넘쳤나이다 내가 말하기를 내가 주의 목전에서 쫓겨났을지라도 다시 주의 성전을 바라보겠다 하였나이다"(욘 2:1-4). 요나는 '하나님을 바라보아야겠다'라고 결단하고 진정한 회개의 기도를 드렸습니다.

만약 요나가 하나님을 피해 무사히 다시스에 도착했다면 어떻게 되었을까요? 사실 그 경우는 하나님께 버림받은 것이요, 하나님의 말씀을 대언하는 선지자로서의 삶은 끝난 것입니다. 그러나 하나님은 도망한 요나를 버리지 않으시고 물고기 배 속에서 회복할 수 있는 기회를 주셨습니다.

혹시 말씀대로 살지 않고 오히려 불순종하는데도 일이 술술 풀리고 만사가 형통합니까? 만약 그렇다면 즉시 회개하십시오. 착각이기 때문입니다. 요나처럼 풍랑을 만나 바다에 던져져 물고기 배 속에 들어가기 직전일 것이기 때문입니다.

"그러나 요나가 여호와의 얼굴을 피하려고 일어나 다시스로 도망하려 하여 욥바로 내려갔더니 마침 다시스로 가는 배를 만난지라 여호와의 얼굴을 피하여 그들과 함께 다시스로 가려고 뱃삯을 주고 배에 올랐더라"(욘 1:3). 하나님의 명령을 거역하고 도망가는 요나가 그러했습니다. 니느웨와 정반대 방향인 다시스로 도망하는데 마침 다시스로 가는 배를 만났습니다. 하나님의 얼굴을 피하는 도망길이 순적했습니다. 요나는 옳거니 하고 그 배에 탔습니다.

지금 요나가 어디로 가고 있습니까? 다시스가 아닙니다. 착각해선 안 됩니다. 하나님은 지금 요나를 물고기 배 속으로 인도하고 계시는 것입니다. 말씀대로 살고 하나님의 뜻대로 사는 삶이 복이지, 말씀대로 살지 않아도 복을 받는다고 생각해선 안 됩니다. 그것은 진정한 복이 아닙니다.

우리는 과연 우리 자신이 말씀대로 살고 있어서 복을 누리고 있는지, 그렇지 않은데도 복 받은 듯한 삶을 살고 있지는 않은지 점검해 보아야 합니다. 하나님은 하나님의 사랑받는 자녀가 죄 가운데 거하기를 결코 원하지 않으십니다. 말씀대로 살지 않는데도 형통함을 주시는 분이 아닙니다. 물론 예수님을 믿지 않고도 잘 사는 사람들이 우리 주변에는 얼마든지 있습니다. 그런데 그 삶이 정말 복됩니까? 고통과 질병 덕분에 예수님을 믿게 된 사람들도 많지 않습니까?

우리가 당하는 고통과 하나님의 징계에 관해 히브리서 기자는 이렇게 말합니다. "주께서 그 사랑하시는 자를 징계하시고 그가 받아들이시는 아들마다 채찍질하심이라 하였으니 너희가 참음은 징계를 받기 위함이라 하나님이 아들과 같이 너희를 대우하시나니 어찌 아버지가 징계하지 않는 아들이 있으리요 징계는 다 받는 것이거늘 너희에게 없으면 사생자요 친아들이 아니니라"(히 12:6-8). 친아들이기에, 사랑하기에 바른길로 인도하고자 하나님이 채찍을 들어 징계하신다는 것입니다.

그런 이유로 시편 기자에게도, 선지자 요나에게도, 그리고 우리에게도 깊은 곳, 어두운 곳은 기도하기에 가장 좋은 장소입니다.

'고통' 아닙니다
'하나님 경외'입니다

그렇다면 어떻게 기도해야 할까요? 시편 기자는 "하나님, 빨리 이 고통에서 건져 주소서!"라고 기도하지 않았습니다. 그는 자신이 겪는 고통이 죄와 연관되어 있다는 사실을 알았고, 하나님이 자신을 사랑하셔서 그 고통을 주신 것이라고 고백했습니다. 그러고는 하나님께 용서를 구하는 기도를 드렸습니다. 그리고 하나님이 용서해 주시면 이제는 하나님의 뜻대로 살겠다는 결단을 기도에 담았습니다. "그러나 사유하심이 주께 있음은 주를 경외하게 하심이니이다 나 곧 내 영혼은 여호와를 기다리며 나는 주의 말씀을 바라는도다"(시 130:4-5).

여기서 하나님을 경외하는 것이 무엇입니까? 하나님의 말씀대로 살아가는 것이며, 그래서 하나님의 말씀을 구하는 삶입니다.

우리는 누구나 기도할 때 하나님이 이 어려움에서 빨리 건져 내 주시길 간구합니다. 그러나 다시 한 번 생각해 보면, 굳이 그렇게 기도할 필요가 있을까요? 하나님이 나보다 나를 더 사랑하시는 분이라는 사실을 믿는다면, 하나님이 나의 아버지이심을 신뢰한다면 이런 기도를 드릴 필요가 없습니다. 어느 아버지가 자녀가 고통당하고 있는 모습을 보고는 내버려 두겠습니까. 하나님은 우리가 성공하기를 원하시며 복 주기를 기뻐하십니다.

사실 고통은 우리가 자초하는 것입니다. 우리가 하나님의 말씀대로 살지 못했기에 고통을 겪는 것입니다. 그래서 깊은 곳에서 고통스럽거든 가장 먼저 그 고통이 나의 죄와 불순종 때문임을, 하나님을 경외하지 못한 까닭임을 깨닫고 하나님께 용서를 구해야 합니다. 하나님은 용서하기를 기뻐하십니다. "여호와께서 말씀하시되 오라 우리가 서로 변론하자 너희의 죄가 주홍 같을지라도 눈과 같이 희어질 것이요 진홍같이 붉을지라도 양털같이 희게 되리라"(사 1:18). 회개하면 하나님이 용서하시고 회복시켜 주십니다. 그리고 회개한 다음에는 "하나님, 이제 하나님이 주신 말씀대로 살겠습니다"라고 기도해야 합니다.

하나님이 왜 우리를 용서해 주실까요? 목적이 무엇일까요? "사유하심이 주께 있음은 주를 경외하게 하심이니이다"(시 130:4). 이 말씀처럼 하나님은 하나님을 경외하게 하시기 위해 우리를 용서해 주십니다. 죄를 깨달았으니 회개하고 하나님의 말씀대로 살기로 결단하게 하시려는 것이 하나님이 우리를 용서하시는 목적입니다.

예레미야를 통해 하나님이 하신 말씀을 들어 보십시오. "이스라엘이 종이냐 씨종이냐 어찌하여 포로가 되었느냐 … 네 하나님 여호와가 너를 길로 인도할 때에 네가 그를 떠남으로 이를 자취함이 아니냐 … 네 악이 너를 징계하겠고 네 반역이 너를 책망할 것이라 그런즉 네 하나님 여호와를 버림과 네 속에 나를 경외함이 없는 것이 악이요 고통인 줄 알라 주 만군의 여호와의 말씀이니라"(렘 2:14, 17, 19). 우리는 여호와를 경외함이 없는 것이 악이요, 우리가 당하는 고통의 원인임을 알아야 합니다.

누가복음 15장 탕자의 비유에서 탕자가 왜 고통을 당했나요? 아버지가 사랑이 없어서입니까? 아버지가 가난해서입니까? 아닙니다. 탕자가 자초한 일입니다. 아버지를 경외하지 않았기 때문입니다. 그는 아버지의 말씀이 듣기 싫고 자기 마음대로 살고 싶어서 아버지를 떠났습니다. 그런데 막상 집을 떠나 보니 고생이고 고통뿐임을 절감했습니다.

우리는 하나님의 말씀을 소중히 여겨야 합니다. 날마다 하나님의 말씀을 마음속에 담아 두고 그 말씀대로 살려고 노력해야 합니다. 하나님의 말씀을 마음에 새기십시오. 여호와를 경외함이 진정한 복입니다. 그리고 다시는 같은 잘못을 저지르는 어리석음을 범하지 않기를 바랍니다. 돼지가 먹는 쥐엄 열매로 배를 채우고자 하되 주는 자가 없을 정도로 고생했던 탕자가 얼마 지나지 않아 또다시 아버지 집을 나간다면 어떻게 되겠습니까?

1920년대 국제적인 보석 도둑으로 유명한 아더 베리라는 사람이 있었습니다. 그는 보석을 훔치는 현장에서 경찰이 쏜 총을 세 방 맞고 체포되어 감옥에 갔습니다. 그는 감옥에서 정신을 차리고 새사람이 되었습니다. 출감 후 작은 시골로 내려가 결심한 대로 완전히 새 삶을 살아갔고 마을 재향군인회 회장직까지 맡았습니다.

그러자 아더 베리를 취재하기 위해 많은 기자가 몰려왔습니다. 한 기자가 아더 베리에게 질문했습니다. "당신은 누구의 돈을 가장 많이 훔쳤습니까?" 그때 아더 베리가 답했습니다. "그것은 바로 아더 베리입니다. 저는 저 자신의 삶을 도둑질했습니다. 제가 가진 재능을 좋은 곳에 썼다면 사회에 크게 공헌했을 텐데요…." 이렇게 말하는 아더 베리의 목소리에는 후회하는 기색이 역력했습니다.

우리는 이제부터라도 죄짓고 회개하는 삶을 반복하지 말고 하나님의 말씀을 귀히 여기며 여호와를 경외하는 삶을 살아가야 합니다.

기다려도 또 기다려야 한다면
기다리세요, 그날까지

그런데 만약 하나님께 죄를 회개하며 말씀을 달라고 기도했는데 하나님이 즉시 응답해 주지 않으시면 어떻게 할까요?

계속 기도해야 합니다. "파수꾼이 아침을 기다림보다 내 영혼이 주를 더 기다리나니 참으로 파수꾼이 아침을 기다림보다 더하도다"(시 130:6). 아침을 기다리는 파수꾼의 기다림보다 더 절박하고 간절한 기다림이 있을까요? 이처럼 절박하고 간절하게 하나님을 기다리라는 것입니다.

기도했는데 하나님이 즉각 응답하지 않으시고 기다리게 하십니까? 아마도 그 까닭은 기도하는 시간을 더 많이 갖기를 바라시는 하나님의 마음 때문일 것입니다. 1시간 하나님을 바라보는 것과 10시간 하나님을 바라보는 것은 다릅니다. 1시간 기도하는 훈련을 하는 것과 10시간 기도하는 훈련을 하는 것은 다릅니다. 어느 분야에서든 1만 시간 연습하면 그 분야에서 뛰어난 실력자가 될 수 있다고 합니다.

만성병은 오랜 시간 끌고 하루아침에 낫지 않는 병입니다. 꾸준히 오랫동안 치료해야 고칠 수 있습니다. 마찬가지로 하나님은 우리에게 즉각적으로 응답하지 않으시고 우리가 하나님을 오랫동안 바라보도록 훈련 시간을 연장시키십니다.

출애굽한 이스라엘 백성이 가데스바네아에서 하나님께 불순종하자 하나님이 훈련 시간을 정하셨는데, 그 기간이 무려 40년이나 되었습니다. 40년간 이스라엘 백성을 빙빙 돌리면서 하나님의 말씀에 순종하는 훈련을 시키신 것입니다. 그만큼 그들의 마음이 굳어 있었기에 아주 오랜 시간이 필요했습니다. 같은 이유로 우리의 기도가 즉각 응답되지 않는다면 그만큼 우리의 마음이 굳어져 단단해서 훈련될 시간이 필요하기 때문이라고 여겨야 합니다.

우리는 하나님의 응답을 기다릴 때 파수꾼이 아침을 기다리듯 기다려야 합니다. 몇 번 기도해 보고는 안 되면 바로 포기하고 일어나 떠나선 안 됩니다. 그러한 태도는 하나님의 사랑을 불신하는 것이요, 위기에서 빠져나가려는 속셈입니다.

파수꾼이 아침을 기다릴 수 있는 이유는 '밤은 결코 영원하지 않으며, 반드시 아침은 온다'는 확신이 있기 때문입니다. 그러면 아무리 힘들어도 견딜 수 있습니다. 그런데 자연 법칙보다 더 정확한 것이 하나님의 사랑입니다. 그러므로 우리는 '하나님은 반드시 내 기도를 들어주신다!'라는 믿음을 가지고 하나님이 응답하실 때까지 기다려야 합니다.

캄캄한 지역을 지날 때 그곳이 동굴인지, 터널인지 모르면 곤란합니다. 만약 터널이라면 아무리 길어도 그 길 끝에는 출구가 기다리고 있습니다. 이 사실을 아는 사람은 길고 어둠침침한 터널 속을 계속해서 걸어갈 수 있습니다. 하나님은 우리에게 결코 동굴을 주지 않으시고 터널을 주시는 분입니다. 나의 고난, 고통이 언제 끝날지 모르겠습니까? 조금만 더 가면 됩니다. 계속 가십시오. 응답받을 때까지 가십시오. 그러면 하나님의 인자하심과 위대하심을 경험하게 될 것입니다.

여기서 한 가지 기억해야 할 사실이 있습니다. 파수꾼이 아침을 기다린 날은 10년도, 1년도 아닌 하룻밤이었습니다. 우리도 우리 인생의 밤을 맞이했다면 깊고 어두운 곳에서 하루만 견디면 됩니다. 인생은 하루살이이기 때문입니다. 하루밖에 못 사는 연약한 인생이 바로 인간입니다. 잠자는 것은 일종의 죽음이지 않습니까. 우리는 죽은 듯이 잠들었다가 다시 일어납니다. 하루 살고 죽고, 다시 하루 살고 죽기를 계속 반복하는 것입니다.

어느 누구도 자신이 하루를 더 살지, 못 살지 알 수 없습니다. "그러므로 내일 일을 위하여 염려하지 말라 내일 일은 내일이 염려할 것이요 한 날의 괴로움은 그날로 족하니라"(마 6:34). 내일은 하나님께 맡겨 버리고 우리는 지금, 오늘 하루만 견디면 됩니다. 하루하루 잘 견디다 보면 때로는 10년, 때로는 20년을 기다릴 수 있게 됩니다. 아무리 힘들어도 하루를 못 참겠습니까. 낙심하지 말고, 포기하지 말고, 끝까지 견디십시오.

이 땅에서 우리의 궁극적인 소망은 깊은 곳에서 벗어나는 것이 아니라 주님의 재림이요, 천국에 들어가는 것입니다. 주님의 날이 점점 가까워지고 있습니다. 그날이 오면 모든 염려와 고통에서 완벽하게 해방됩니다. 모든 문제가 해결되는 천국의 소망이 우리에게 있습니다. 오늘이 그날일 수 있습니다. 그때까지만 참으면 됩니다. 하루하루 잘 참으면 주님과 함께 영원히 천국에서 살 수 있습니다. 그때까지 끊임없이 하나님을 기다리며 하나님만 바라봅시다.

⟪● 고난을 만나거든
천국을 생각하세요

시편 16:1-11; 고린도전서 15:35-44

고난은
강요된 은총입니다

어린아이는 가치 있는 것과 가치 없는 것을 잘 구별하지 못합니다. 그들은 어려서 당장 재미있거나 자신에게 이익이 있는 것에 마음을 쓰지, 멀리까지 내다보지 못합니다.

오래전 한 친구 목사님 댁에 놀러갔는데 자주 방문하다 보니까 초등학교 1학년쯤 된 친구 아들 녀석이 제 아들과 친해졌다며 "목사님, 목사님, 이리 와 보세요" 하며 자기 방으로 저를 데려갔습니다. 책상 서랍을 열어서 뿌듯하게 보여 주는데, 첫 번째 서랍에는 딱지가 가득했고, 두 번째 서랍에는 구슬이 가득 들어 있었습니다. "너 딱지치기, 구슬치기 정말 잘하는구나!" 하고 칭찬해 주었더니 입이 쫙 벌어지면서 "제가 이 동네에서 딱지치기, 구슬치기 제일 잘해요" 하며 자랑했습니다.

유치하지요? 그런데 우리도 어릴 때 딱지와 구슬이 얼마나 소중했습니까? 그래도 지금 보면 유치합니다. 뿐만 아니라 아이스크림, 팝콘, 햄버거, 피자 등 아이들이 좋아하는 음식을 떠올려 보십시오. 대개 입에는 맛있지만 몸에는 좋지 않습니다. 그래서 엄마가 "아이스크림 그만 먹어라" 하면 아이들은 어떻게든 더 먹으려고 떼를 씁니다. 반면에 엄마가 "몸이 약해서 한약 지어 왔으니까 먹어라" 하면 안 먹으려고 기를 씁니다. 써서 먹기 싫다고 하면 그때부터 실랑이가 시작됩니다. 엄마의 등쌀에 못 이겨 할 수 없이 한약을 먹습니다. 혹시 온 인상을 찡그리면서도 '아, 이렇게 비싼 보약을 저를 위해 지어 주시다니! 어머니, 고맙습니다'라고 생각하며 먹는 아이가 있을까요? 거의 없습니다. 인상 쓰고 겨우 먹고 나서는 불만스러운 표정으로 엄마를 볼 것입니다.

이유가 무엇입니까? 아이들은 근시안적이기 때문에 지금 당장 내 입에 쓰냐, 다냐만 생각하는 것입니다. 내 몸에 좋냐, 나쁘냐 등 멀리까지 내다볼 능력이 어린아이에게는 없습니다.

하나님과 우리의 관계를 생각해 봅시다. 우리는 하나님의 자녀이고, 하나님은 우리 아버지십니다. 그러므로 우리 자녀가 갖고 있는 어리석음, 미련함이 우리에게도 그대로 적용됩니다. 우리는 근시안적이기에 무엇이 진정 가치 있는 것인지 잘 모릅니다. 이 세상에서 가치 있다고 여겨지는 것들이 영적인 관점에서 보면 고작 아이들이 갖고 노는 딱지, 구슬과 같은 별 의미 없고 유치한 것들입니다. 우리는 당장의 편함을 생각합니다. 그러나 하나님은 멀리 천국의 영광까지 내다보시고 우리를 인도해 가십니다. 광야 같은 세상에서 우리를 인도해 영적 가나안, 천국으로 인도하십니다.

그런데 우리는 어떻습니까? 이 광야 길에서 어쩌다 만난 오아시스에 마음을 다 빼앗겨 버립니다. 이제 그만 가고 여기서 계속 살면 좋겠다고 생각합니다. 그러나 출애굽한 목적이 오아시스에서 살기 위해서는 아니지 않습니까. 엘림에 도착한 이스라엘 백성이 얼마나 좋았을까요? 보이는 것이라고는 흙먼지뿐인 광야, 쓴 물로 곤혹을 겪은 마라를 지나 만난 엘림은 샘이 12개나 되고 종려나무가 70그루나 있는 환상적인 오아시스였습니다. 그렇지만 하나님은 그들이 엘림에 계속 머물게 허락하지 않으셨습니다. "떠나라!" 하셨습니다.

때로 하나님은 우리가 세상에서 귀하게 여기는 것들을 빼앗아 가기도 하십니다. 그리고 오아시스와도 같은 세상 가치에 마음이

사로잡혔을 때 강제로 등 떠밀어 떠나게 만들기도 하십니다. 꾸중 듣고 싶고 매 맞고 싶어 하는 아이가 어디에 있습니까. 그러나 부모는 아이가 원하지 않아도 아이에게 꾸중이 필요하면 꾸중하고, 매가 필요하면 매를 댑니다. 사랑입니다. 즉 강요된 사랑입니다.

이 같은 사랑을 하나님이 우리에게 주실 때가 있습니다. 우리가 어리석고 미련해서 깨닫지 못해 구해서는 안 될 것을 구할 때 하나님이 들어주지 않으시는 것입니다. 한편 정말 싫은데 주기도 하십니다. 이런 면에서 고난은 강요된 은총이라고 할 수 있습니다.

하나님이 사랑하셔도
고난을 만납니다. 그러니…

'광야'는 히브리어로 '미드바르'입니다. '미드바르'의 어근은 '다바르'인데, '말하다'라는 뜻입니다. 광야는 하나님이 말씀하시는 곳입니다. 우리는 하나님의 말씀을 듣고 순종하며 광야를 통과합니다. 광야를 통과하면서 훈련받아야 할 과제가 있습니다. 그것은 무엇이 진정한 복이고, 무엇이 나의 안전을 보장해 주고, 무엇이 궁극적 소망인가를 알아내는 것입니다.

우리는 세상에 마음을 뺏기면 하나님의 음성을 잘 듣지 못합니다. 양이 목자에게서 멀리 떨어지면 목자의 목소리를 잘 못 들게 되는 것과 마찬가지입니다. 멀리 떨어진 사람에게 말을 해야 하는데 육성이 닿지 않으면 확성기를 쓰곤 합니다. 영성 신학자 C. S. 루이스(C. S. Lewis)는 "고난은 하나님의 확성기"라고 말했습니다. 건강하고 형통할 때 들리지 않던 하나님의 음성이 고난의 때에 들리는 것입니다. 그러므로 고난은 강요된 축복이요, 강요된 은총입니다. 고난받는 그때도 하나님께 사랑받고 있는 것입니다.

다윗은 하나님의 사랑을 듬뿍 받았고, 드디어 이스라엘의 왕이 되었습니다. 그러나 왕이 된 뒤에도 그에게는 많은 고난이 찾아왔습니다. 그 이유가 무엇일까요? 하나님이 다윗을 사랑하셔서, 그를 가나안으로 인도하시기 위해 고난을 허용하신 것입니다. 그 고난의 때에 다윗은 어떻게 대처했으며, 또한 우리는 어떻게 해야 할까요?

고난 중에 있다면 하나님께 더 다가서세요

첫째, 우리는 고난의 때에 목자 되신 하나님께 더 가까이 다가가야 합니다. 다윗은 시편 16편 1, 8절에서 "하나님이여 나를 지켜 주소서 내가 주께 피하나이다 … 내가 여호와를 항상 내 앞에 모심이여 그가 나의 오른쪽에 계시므로 내가 흔들리지 아니하리로다"라고 고백했습니다. 상황이 급박하고 위험합니다. 적이 공격해 옵니다. 어떻게 해야 할까요? 하나님께로 피해야 합니다. 하나님께 더 가까이 서야 합니다. 하나님을 내 앞에 모셔야 합니다.

이처럼 하나님이 우리에게 고난을 주시는 이유는 "내게 더 가까이 다가오라"는 뜻입니다. 푸른 풀밭에서는 목자에게서 약간 떨어져 있어도 괜찮습니다. 그러나 험한 골짜기에서는 목자와 떨어지면 위험합니다. 위험한 골짜기일수록 목자에게 더 바짝 붙어야 합니다.

농부가 키질하는 모습을 본 적이 있습니까? 타작한 곡식을 키에 넣고 까불다 보면 알곡은 점점 키질하는 사람의 가슴 쪽으로 다가오고, 쭉정이는 점점 밖으로 밀려나서 마침내 키 밖으로 떨어집니다. 고난의 때에 하나님께 가까이 다가서면 알곡이고, 하나님으로부터 멀어지면 쭉정이입니다. 기억하십시오. 고난은 하나님께 가까이 다가가서 영적인 생수를 마실 수 있는 복된 기회입니다.

중학생 시절 여름 방학을 맞이해 외갓집을 가면 제가 하는 일이 있었는데, 소에게 풀을 먹이러 가는 것이었습니다. 세상에서 소몰이보다 쉬운 일이 없는 것 같습니다. 30분 정도 걷다 보면 소 먹이기 좋은 드넓은 초원이 나옵니다. 소는 아카시아 잎을 매우 좋아하는데, 한쪽에 아카시아 숲이 울창합니다. 이때 가만히 두면 소에 매달아 둔 끈이 나무에 걸리기 때문에 끈을 뿔에 칭칭 동여매 주어야 합니다. 그러고는 소의 엉덩이를 손바닥으로 찰싹 때리면 소가 알아서 아카시아 숲으로 들어가 하루 종일 풀과 아카시아 잎을 뜯어 먹다가 저녁때면 알아서 내려옵니다. 그동안 우리는 풀밭에서 닭싸움하고 씨름하고 놀다가 어둑해질 무렵 소가 내려오면 데리고 집으로 가면 됩니다.

그런데 집에 들어가기 전에 꼭 해야 할 한 가지 일이 있습니다. 하루 종일 풀을 뜯어 먹은 소들에게 물을 먹이러 가야 합니다. 이때 위로 가면 물이 없고, 골짜기로 내려가야 계곡 깊은 곳에서 맑은 샘을 만날 수 있습니다. 맑은 물은 깊은 곳 골짜기에 있습니다.

형통할 때, 건강할 때, 잘될 때 예수님을 믿은 사람을 저는 많이 만나 보지 못했습니다. 모태신앙인 외에 자라면서 예수님을 믿게 된 사람들 대부분은 어려움을 당할 때 예수님을 알게 되고 믿게 되었습니다. 고난의 때에, 깊은 골짜기에 맑은 영적 생수가 있는 것입니다. 그러므로 고난의 때는 하나님께로부터 저주받고 있는 순간이 아니요, 사랑받고 있는 순간입니다. 우리는 고난의 때를 만나거든 감사하면서 하나님께 더 가까이 다가서는 복된 믿음의 사람이 되어야 합니다.

고난 중에 있다면 천국을 상상하세요

둘째, 우리는 고난의 때에 부활의 소망과 영광에 초점을 맞춰야 합니다. 다시 말해, 고난의 때에 부활을 생각하라는 것입니다.

"이러므로 나의 마음이 기쁘고 나의 영도 즐거워하며 내 육체도 안전히 살리니 이는 주께서 내 영혼을 스올에 버리지 아니하시며 주의 거룩한 자를 멸망시키지 않으실 것임이니이다 주께서 생명의 길을 내게 보이시리니 주의 앞에는 충만한 기쁨이 있고 주의 오른쪽에는 영원한 즐거움이 있나이다"(시 16:9-11).

다윗은 대적 때문에 하나님의 도우심을 구했습니다. 그리고 이어서 하나님이 대적의 손에서만 구해 주실 뿐만 아니라 죽음에서도 건져 주실 것이며, 주의 곁에서 영원한 영광을 누리게 해 주실 것이라고 고백했습니다.

사도 베드로는 오순절에 성령 충만해 사람들 앞에서 설교할 때 다윗의 이 고백을 예수님의 부활과 연결시켜서 설명했습니다. "형제들아 내가 조상 다윗에 대하여 담대히 말할 수 있노니 다윗이 죽어 장사되어 그 묘가 오늘까지 우리 중에 있도다 그는 선지자라 하나님이 이미 맹세하사 그 자손 중에서 한 사람을 그 위에 앉게 하리라 하심을 알고 미리 본 고로 그리스도의 부활을 말하되 그가 음부에 버림이 되지 않고 그의 육신이 썩음을 당하지 아니하시리라 하더니 이 예수를 하나님이 살리신지라 우리가 다 이 일에 증인이로다"(행 2:29-32).

예수님의 부활은 곧 우리의 부활과 연결됩니다. 예수님이 부활의 첫 열매가 되시고, 우리는 부활하신 예수님과 똑같이 영광스러운 몸, 아름다운 몸으로 부활해 부활하신 주님과 함께 영원히 천국에서 사는 것입니다. 이것이 우리의 궁극적 소망입니다. 지금의 몸을 입고 이 땅에서 영원히 사는 것은 결코 우리의 소망이 될 수 없습니다. 이 땅에서의 삶은 잠시 광야를 통과하는 것일 뿐입니다. 그러므로 고난을 만나거든 부활을 생각하십시오.

물론 우리가 형통할 때도 천국과 부활을 생각한다면 더할 나위 없이 좋을 것입니다. 너무 행복할 때 '천국은 더 행복하겠지?'라고 생각하며 천국을 소망하고, 건강할 때 '부활의 몸은 더 건강하겠지?'라고 생각하며 천국을 떠올리고, 배우자에게 사랑을 받을 때 '천국 가면 신랑이신 예수님이 나를 더 사랑해 주시겠지?'라고 생각하며 천국을 그리면 얼마나 좋겠습니까.

그런데 사실 그런 사람은 찾아보기가 힘듭니다. 사람은 십중팔구 부해지면 교만해지고, 편안해지면 게을러집니다. 그러므로 하나님이 주신 부와 편안함을 잘 감당하지 못하면 오히려 저주가 될 수도 있음을 명심해야 합니다.

그런 이유로 정말 위험할 때는 병들 때가 아니고 건강할 때요, 정말 조심해야 할 때는 실패할 때가 아니고 성공할 때라는 사실을 알아야 합니다. 왜냐하면 잘못하면 라오디게아 성도들처럼 될 수 있기 때문입니다. "라오디게아 교회의 사자에게 편지하라 아멘이시요 충성되고 참된 증인이시요 하나님의 창조의 근본이신

이가 이르시되 내가 네 행위를 아노니 네가 차지도 아니하고 뜨겁지도 아니하도다 네가 차든지 뜨겁든지 하기를 원하노라 네가 이같이 미지근하여 뜨겁지도 아니하고 차지도 아니하니 내 입에서 너를 토하여 버리리라 네가 말하기를 나는 부자라 부요하여 부족한 것이 없다 하나 네 곤고한 것과 가련한 것과 가난한 것과 눈먼 것과 벌거벗은 것을 알지 못하는도다"(계 3:14-17).

라오디게아 교회가 미지근해진 이유가 무엇입니까? 라오디게아 교회가 예수님이 "토하여 버리리라"라고 말씀하실 정도의 교회가 된 이유가 무엇일까요? 부자라 부유하여 부족한 것이 없었기 때문입니다. 그러므로 우리의 삶 속에 고난이 있다는 것은 참 감사한 일입니다. 고난은 우리가 어쩌다 한 번 만나는 오아시스에 마음을 뺏기지 않고, 비록 가난하고 부족하고 고통스러울지라도 천국을 소망하게 하려고 하나님이 주신 은총의 시간입니다. 그러므로 이제 고난을 당할 때 부활을 생각하십시오. 어려움을 당할 때 천국을 생각하는 훈련을 계속해야 합니다.

성경에는 천국과 부활에 관한 정보가 아주 상세하게 나와 있지는 않습니다. 아마도 하나님이 우리에게 깜짝 선물을 주려고 하시는 것 같습니다. 예상했던 선물을 받을 때보다는 전혀 생각조차 하지 못했던 선물을 받을 때 더욱 기쁘지 않습니까. 그러나 하나님은 우리가 상상할 수 있을 만큼의 정보는 주셨습니다. 그러니 고난을 만날 때면 성경에 기록된 제한된 정보 안에서 상상의 나래를 펼쳐 보는 것은 어떨까요? 극심한 고난 한가운데 있을지라도 천국을 상상하면 위로가 될 것입니다. 그 메마른 고난 속에서도 천국과 부활의 영광을 맛보며 여유 있는 미소를 짓게 될 것입니다.

우리가 매년 설날이나 추석 때면 경험하지 않습니까. 고향 집에 거의 다 오면 비록 도착하지는 않았지만 이미 마음만은 고향 집에 가서 부모님을 뵙고 있지 않나요? 이처럼 천국과 부활에 관한 믿음이 확실해지면 이 땅에서도 천국의 기쁨, 부활의 영광을 선취할 수 있습니다. 이를 위해서는 부활의 소망을 좀 더 구체화할 필요가 있습니다. 여기저기 쑤시고 아프고 불편하고 병들 때마다 '부활의 몸은 건강하지. 부활의 몸은 병들지 않지. 아, 부활의 몸을 입고 싶다!' 하면서 부활을 더욱 소망하는 기회로 삼으면 얼마나 좋을까요? 그러면 병석에서도 기뻐하고 감사하며 천국의 소망과 부활의 영광을 누릴 수 있습니다.

고난 때문이 아니라
고난 덕분에

여기서 한 가지 우리가 알아야 할 사실이 있습니다. "해의 영광이 다르고 달의 영광이 다르며 별의 영광도 다른데 별과 별의 영광이 다르도다 죽은 자의 부활도 그와 같으니 썩을 것으로 심고 썩지 아니할 것으로 다시 살아나며 욕된 것으로 심고 영광스러운 것으로 다시 살아나며 약한 것으로 심고 강한 것으로 다시 살아나며 육의 몸으로 심고 신령한 몸으로 다시 살아나나니 육의 몸이 있은즉 또 영의 몸도 있느니라"(고전 15:41-44). 부활의 몸을 입을 때 부활의 영광이 다 다르다고 성경은 말합니다. 해와 달과 별은 다 밝지만, 빛나는 정도는 다릅니다. 마찬가지로 우리 모두는 다 영광스러운 몸으로 부활하지만, 부활의 영광의 크기는 다르다는 의미입니다.

하나님은 우리의 자상한 아버지십니다. 하나님은 우리가 천국에서 더 영광스러운 자가 되기를 원하십니다. 그러면 어떻게 해야 할까요? 고난을 통해 훈련을 받아야 합니다. 문제는 훈련의 효과는 힘들수록 더 커진다는 것입니다. 다시 말해, 지금보다 더 큰 영광을 바란다면 지금보다 더 힘든 훈련을 받아야 합니다.

어떤 것을 선택하겠습니까? 더 힘든 훈련을 받고, 더 힘든 고난의 삶을 살아 더 영광스러운 천국의 삶을 살고 싶습니까, 아니면 천국의 영광을 덜 누리더라도 이 땅에서 편안하게 살고 싶습니까? 선택이 쉽지 않지요? 아마도 대부분의 사람들은 "저는 그저 천국 가는 것에 만족합니다. 영광을 조금 적게 받더라도 이 땅에서 좀 더 풍요롭고 편안하게 살다 가면 좋겠습니다"라고 답할 것입니다. 그러나 하나님은 그런 우리에게 "아니다. 나는 그것으로 만족하지 못한다"라고 말씀하십니다. 그래서 하나님이 때로는 원하지 않지만 고난을 주시는 것입니다.

물론 하나님께 "고난이 유익하다고요? 그렇다면 저는 천국의 영광을 더 받고 싶으니 고난을 더 많이 주십시오!", 이렇게 기도하라고 권하고 싶지는 않습니다. 그 기도는 진실일 리 없기 때문입니다. 대개 우리는 마음속 깊은 곳에서부터 진실로 고난을 원하지 않습니다. 누가 고난을 원하겠습니까. 그러나 적어도 하나님이 주시는 고난만은 기쁘고 감사하게 받아야 하지 않을까요?

고난을 만나거든 '어떻게든 이 고난에서 빨리 벗어나야지'라고 생각하기보다 하나님의 혹독한 훈련의 시간으로 받아들이면 어떻겠습니까? 내가 지금 겪는 고난이 다름 아닌 천국의 영광을 심는 시간임을 기억해 잘 훈련받고, 그 고난을 주님께 더 가까이 다가가는 기회로 삼으면 어떨까요?

물론 고난이 계속되고 견디기 어려운 아픔이 지속되면 '왜 하나님이 이 고난을 빨리 안 없애 주시나? 왜 이렇게 내 기도에 더디 응답해 주시나?' 하고 하나님이 원망스러울 수 있습니다. 그러나 천국에 가면 다 깨닫게 될 것입니다. "하나님이 옳으셨습니다"라고 고백하게 될 것입니다. "하나님이 주신 고난 덕분에 제가 천국에 올 수 있었고, 그 고난 덕분에 제가 이만한 상급을 받는 사람이 되었습니다. 그 고난이 없었더라면 상급 없는 부끄러운 구원이 될 뻔했는데, 주님이 그 고난을 통해서 영광의 사람으로 만들어 주시니 감사합니다." 이 고백을 하나님께 드릴 날이 반드시 올 것입니다.

그날 우리는 분명히 알게 될 것입니다. 하나님이 나보다도 나를 더 사랑하셔서 내게 필요한 고난을 주셨음을 말입니다. 그래서 주님께 감사하면서 풍성한 기쁨의 삶, 영원한 기쁨의 삶을 살게 될 것입니다.

천국의 소망과 부활의 영광을 선취합시다. 그래서 하나님이 견디기 어려운 고난을 주실 때 하나님의 사랑임을 기억하고 감사함으로 받읍시다. 고난 때문에 주님께 더 가까이 다가갑시다. 고난의 때에 오히려 부활의 영광의 씨앗을 심는 복된 믿음의 사람이 됩시다. 부활의 영광으로 충만한 삶을 살아갑시다.

빌립보서 4:6-9

인생의 폭풍우 속에서도
평안할 수 있습니다

세상에서 가장 지혜로운 왕으로 알려진 솔로몬이 하루는 이스라
엘에서 제일 유명한 현자 3명과 함께 대화를 나누었다고 합니다.
솔로몬이 먼저 현자들에게 물었습니다. "하나님이 우리 인간에게
주신 복 중에 가장 귀한 복이 무엇이라고 생각하십니까?" 첫 번
째 현자가 대답했습니다. "부귀입니다. 부귀는 든든한 성과 같아
서 부귀를 가지면 안심이 되고 어떤 힘이라도 살 수 있기 때문입
니다." 이어서 두 번째 현자가 말했습니다. "지혜입니다. 지혜는

우리를 바른길, 생명의 길로 인도할 뿐 아니라 명예롭게 해 주기 때문입니다." 세 번째 현자가 대답했습니다. "덕입니다. 많은 덕을 가지면 좋은 친구들을 사귈 수 있기 때문입니다."

그런데 대답을 듣고 있는 솔로몬왕의 표정이 밝지가 않았습니다. 이번에는 현자들이 물었습니다. "왕이시여, 왕은 무엇이 가장 큰 복이라고 생각하십니까?" 솔로몬이 답했습니다. "저는 세상에서 가장 큰 복이 평강이라고 생각합니다." 현자들이 의아해하며 이유를 묻자 솔로몬이 이렇게 답했다고 합니다. "아무리 부를 많이 가진들 근심 걱정이 있으면 그게 다 무슨 소용이 있겠습니까? 지혜가 좋다 한들 나이가 들면 깜박깜박 다 잊어버리는데 무슨 소용이 있습니까? 덕이 유익하다 하나 때로는 내 마음도 내 뜻대로 다스리지 못하는데 무슨 소용이 있겠습니까? 그저 마음이 편해야지요. 평강이 있어야 이 모든 것을 다 누릴 수 있지 않겠습니까?"

세상에서 가장 큰 복이 무엇이라고 생각합니까? 기도 시간에 하나님께 무엇을 구하고 있습니까? 이사야 선지자는 메시아이신 예수님의 탄생을 예언하면서 '평강의 왕'으로 묘사했습니다(사 9:6). 또한 부활하신 예수님이 제자들에게 주신 첫 번째 복이 평강이었습니다. "너희에게 평강이 있을지어다"(눅 24:36). 왜 주님이 평강을 주셨을까요? 평강이 가장 귀하기 때문입니다. 그래서 사도 바울은 편지를 쓸 때마다 서두에 축복의 말을 했는데, 그 내용 중에 평강을 빼놓지 않았습니다. "그리스도 예수의 종 바울과 디모데는 그리스도 예수 안에서 빌립보에 사는 모든 성도와 또한 감독들과 집사들에게 편지하노니 하나님 우리 아버지와 주 예수 그리스도로부터 은혜와 평강이 너희에게 있을지어다"(빌 1:1-2).

본문인 빌립보서 4장 6-9절에서 사도 바울은 정말 자기 생명과도 같은 빌립보 성도들이 평강을 누리기 원했습니다. 그래서 어떻게 해야 평강을 누릴 수 있는지, 그 구체적인 방법을 가르쳐 주었습니다.

사도 바울이 말하는 평강은 이론적인 평강이 아니라 자신이 직접 경험한, 환경을 초월한 절대 평강입니다. 바울은 빌립보에서 귀신 들린 여종을 고쳐 주었다는 이유로 관가에 끌려가 재판도 받지 않고 매질을 당한 후 감옥에 갇혔습니다. 이렇게 억울하고 답답한 일이 어디에 있습니까? "하나님 말씀에 순종해 아시아로 가지 않고 유럽에 복음을 전파하고자 빌립보까지 왔는데 대체 하나님은 무엇을 하고 계시는 것입니까? 왜 이런 일이 생기도록 방치해 두십니까?" 하며 하나님께 따지고 불평할 법도 합니다.

그러나 사도 바울은 감옥에 갇혀서 기도했습니다. 기도하자 하나님이 평강을 주셨고, 바울은 함께 있던 실라와 함께 하나님께 찬송을 드리기 시작했습니다. 그 순간 큰 지진이 나서 옥터가 움직이고 옥문이 다 열리며 모든 사람의 매인 것(차꼬)이 다 풀렸습니다. 옥문이 열리고 차꼬가 풀어진 뒤에 찬송한 것이 아닙니다. 먼저 찬송하자 옥문이 열리고 차꼬가 풀어졌습니다. 옥문이 열리고 차꼬가 풀리는 기적이 일어나기 전에 먼저 마음이 변하는 평강의 기적이 바울 일행에게 주어졌던 것입니다.

사도 바울은 말년에 로마로 끌려가 재판을 받게 되었습니다. 로마로 가는 여정 중 바울이 탄 배는 지중해를 건너면서 유라굴로라는 엄청난 광풍을 만났습니다. 모두 다 바다에 빠져 죽게 된 위기 상황에 사도 바울이 어떻게 대처했는지가 사도행전 27장 14-44절에 잘 기록되어 있습니다. 풍랑 속에서도 사도 바울은 조금도 두려워하지 않고 절대 평강을 누렸습니다. 그리고 죄인의 신분으로서 오히려 두려워 떠는 사람들을 위로하는 여유를 가졌습니다. "내가 너희를 권하노니 이제는 안심하라 너희 중 아무도 생명에는 아무런 손상이 없겠고 오직 배뿐이리라"(행 27:22).

인생을 오래도록 살다 보면 감옥에 갇힌 바울처럼 억울할 때가 있습니다. 사방이 꽉 막혀 답답한 일을 당할 때도 있습니다. 앞으로 갈 수도 없고, 뒤로 갈 수도 없는 진퇴양난의 질곡에 빠지는 순간도 만납니다. 때로는 재정적인 문제, 질병의 문제, 인간관계 갈등의 문제 등 도저히 내 힘으로 해결할 수 없는 유라굴로 같은 인생의 광풍을 만날 때도 있습니다.

예수님을 믿는 사람들이 너무나 많이 오해하는 것 중에 하나가

'예수님만 잘 믿으면 내 삶에 아무런 어려움도 생기지 않을 거야' 라는 생각입니다. 다음 질문에 답해 보십시오. 아무런 어려움도 없는 삶이 진짜 복된 삶입니까?

아랍 격언에 "아무리 좋은 옥토라도 1년만 비가 오지 않으면 사막으로 변해 버리고 만다"는 말이 있습니다. 우리 생각에는 햇빛이 쨍쨍 비치면 가장 좋은 줄 알지만, 풍년이 되기 위해서는 폭풍우 치는 밤도 필요한 것입니다.

하나님은 인간과 함께 살고자 인간을 만드셨습니다. 우리 삶 속에 아무런 어려움이 없다면 우리가 하나님을 찾을까요? 하나님은 보이지 않는 분이십니다. 따라서 삶에 어려움이 없으면 누구나 예외 없이 하나님을 곧 잊어버리고 맙니다. 그러고는 계획했던 일이 잘되면 '다 내가 한 일이다. 내가 얼마나 잘났는가!' 하며 금방 교만에 빠져 버리고 맙니다. 기도하지 않습니다. 그래서 때로는 하나님이 우리에게 어려움을 주시는 것입니다.

전도서 기자는 이렇게 말합니다. "형통한 날에는 기뻐하고 곤고한 날에는 되돌아보아라 이 두 가지를 하나님이 병행하게 하사 사람이 그의 장래 일을 능히 헤아려 알지 못하게 하셨느니라" (전 7:14). 형통한 날도 하나님이 주셨고, 곤고한 날도 하나님이 주셨습니다. 우리에게는 형통한 날도 필요하고, 곤고한 날도 필요합니다. 형통한 날의 유익도 있고, 곤고한 날의 유익도 있는 것입니다. 어떤 일이 벌어질지는 하나님 외에 아무도 알 수 없습니다. 적어도 미래에 대해서 인간은 철두철미하게 무능합니다. 그러므로 미래에 대해서는 절대적으로 하나님을 의지할 수밖에 없습니다.

불안해 마세요
방법이 있습니다

하나님을 믿고 의지하지만 그리스도인들도 때때로 미래에 대해서 불안합니다. 그리고 도저히 내 힘으로 해결할 수 없는 어려운 문제가 생기면 고통스럽고 어찌해야 할 바를 모릅니다. 이럴 때 우리는 어떻게 해야 할까요? 바울이 본문인 빌립보서 4장 6-9절에서 그 방법을 알려 줍니다.

염려 말고 하나님께 말씀드리세요

첫째, 문제 때문에 염려하지 말고 하나님께 기도로 아뢰어야 합니다. "아무것도 염려하지 말고 다만 모든 일에 기도와 간구로, 너희 구할 것을 감사함으로 하나님께 아뢰라"(빌 4:6).

'염려하지 말고'라는 말은 염려할 것이 있음을 전제합니다. 염려할 것이 있는데 내 힘으로는 도저히 해결할 수 없기 때문에 염려할 수밖에 없는 상황, 뒤집어서 말하면 그래서 기도할 수밖에 없는 상황입니다. 내 힘으로 해결할 수 있는 문제라면 기도하지 않습니다. 그런데 내 힘으로 해결할 수 없기 때문에 기도할 수밖에 없지 않겠습니까. 그러니 염려가 없어서 기도가 필요 없는 삶이 복된 것입니까, 아니면 문제가 있어서 기도하고 하나님과 더 깊은 교제 속에 들어가는 것이 복된 삶입니까? 후자가 더 복된 삶이라고 믿는 사람이라면 고난을 만날 때 감사하면서 기도할 것입니다.

그런데 여기서 문제가 생깁니다. 기도하고 나면 염려에서 해방되어야 할 텐데, 기도하고 나서도 여전히 염려가 되는 것입니다. 기도했는데 하나님이 도와주실지 믿어지지가 않습니다.

사실 하나님을 믿는 성도가 "하나님은 나의 아버지십니다. 하나님은 나의 선한 목자십니다"라고 고백하면서도 염려하는 것은 일종의 하나님께 대한 모독입니다. 엄밀히 말해 우리는 하나님을 온전히 믿지 못하기 때문에 기도하면서도 염려하는 것입니다. 믿음이 작은 것이 우리의 문제입니다. 그러니 어떻게 하면 좋습니까? 더 열심히 기도하는 수밖에 없습니다. 바울은 "염려하지 말고 기도하라"고 말합니다.

'염려하지 말고 기도하라.' 이 말은 모두 헬라어로 현재명령형입니다. 헬라어에서 현재형은 지속적이고 반복적인 행위를 표현할 때 사용합니다. 그러므로 정확하게 번역하면 '계속해서 염려하지 말고, 계속해서 기도하라'는 의미입니다. 기도했는데 염려가 해결되지 않으면 단념하지 말고 계속 기도하라는 것입니다. 기도와 염려는 반비례합니다. 기도하면 염려하지 않게 되고, 염려하면 기도하지 못하게 됩니다. 염려하는 마음이 생길 때 즉시 그 염려의 제목을 기도의 제목으로 바꾸십시오. 그러면 주님이 주시는 평강을 누릴 수 있습니다.

기도할 때 흔히 빠지는 위험이 있습니다. 하나님께 다 맡기지 않고 하나님이 응답해 주지 않으실 때를 대비해 자기 나름대로 살 궁리를 만들어 두는 것입니다. 그러다 보면 생각이 나뉘고 염려가 사라지지 않습니다. '염려'는 그 어원이 '나뉘다'라는 동사와 '마음'이라는 명사가 합해진 말로서, '생각이 나뉘다'라는 뜻입니다. 생각이 나누어졌기 때문에 마음이 불안하고 행복할 수가 없는 것입니다.

그렇다면 염려에 대해 사도 베드로는 어떻게 말할까요? "너희 염려를 다 주께 맡기라 이는 그가 너희를 돌보심이라"(벧전 5:7). 이 권면은 베드로의 진심에서 우러나온 말입니다. 사도행전 12장을 보면, 헤롯왕이 교회를 핍박하면서 요한의 형제 야고보를 칼로 죽인 후 베드로도 잡아 옥에 가두었습니다. 이제 유월절이 지나면 백성 앞에 끌어내어 사형시키려는 계획이었습니다. 교회는 그를 위하여 하나님께 간절히 기도했습니다.

그런데 베드로를 보십시오. 다음 날이 사형당하는 날인데, 감옥에서 잠을 잤습니다. 그것도 옥중에 홀연히 나타난 천사가 베드로의 옆구리를 쳐 깨워야 할 정도로 곤히 잠들었습니다. 아니, 내일 죽을 터인데 어떻게 그 밤에 단잠을 잘 수 있습니까? 그 이유는 베드로의 마음속에 하나님이 주신 평강이 있었기 때문입니다. 거룩한 배짱입니다.

베드로는 하나님께 다 맡기되, 살고 죽는 문제까지 맡겨 버렸습니다. 그러니 하나님이 살려 주시면 내일 나가서 전도해야 하니까 잠을 푹 자 새 힘을 얻어야 했습니다. 그렇지 않고 하나님이 내일 데려가시면 천국에 가지 않겠습니까? 그런 이유로 베드로는 차디찬 감옥 바닥에서도 단잠을 잘 수 있었던 것입니다.

언제까지 살아야 하는지를 누가 결정합니까? 하나님이 결정하실 문제입니다. 그러므로 '죽으면 천국 간다', 이 배짱이 있을 때 하나님께 다 맡길 수 있는 것입니다. 복잡하게 머리 굴리며 생각하지 맙시다. 그저 거룩한 배짱으로 살고 죽는 문제까지 하나님께 다 맡겨 버리고 나면 마음속에 평강이 오고, 어떤 상황에서도 단잠을 잘 수 있습니다.

하나님의 응답은 우리의 생각과 다를 수 있습니다. 하나님은 이사야서에서 "내 생각이 너희의 생각과 다르며 내 길은 너희의 길과 다름이니라 … 이는 하늘이 땅보다 높음같이 내 길은 너희의 길보다 높으며 내 생각은 너희의 생각보다 높음이니라"(사 55:8-9)라고 말씀하셨습니다.

우리는 어떤 문제를 놓고 어떤 식으로 기도하면 하나님이 어떤 시간쯤 어떻게 응답하시겠다고 예상하곤 합니다. 그런데 하나님이 예상대로 일하시면 얼마나 좋습니까. 계획과 전혀 다를 때가 정말 많습니다. 그러면 우리는 당황해서 기도에 전념하기를 그만두고 인간적인 방법으로 전향합니다. 하나님께 맡기지 못한 채 기도는 기도대로 하고, 자기가 나름대로 강구한 방법으로 문제를 해결하고자 애를 씁니다.

조금만 기다리면 하나님이 하나님의 방법으로 역사하실 텐데 그때를 기다리지 못하고 낙심하고 절망하고 원망하는 경우가 없지 않습니다. 조금만 기다립시다. 느긋하게 기다립시다. 그러면 어떻게 해야 조급해하지 않고 기다릴 수 있을까요?

느긋하게 기다릴 수 있는 비결이 있습니다. 하나님이 나보다 더 지혜로우시고, 하나님이 나보다 나를 더 사랑하신다는 사실을 인정하는 것입니다.

다음 질문에 답해 보십시오. 하나님이 나보다 지혜로우시다는 사실을 인정합니까? 하나님이 나보다 나를 더 사랑하신다는 사실을 믿습니까? 그렇다면 내 인생을 하나님께 다 맡겨 버립시다. 잘되고 못 되는 것까지, 살고 죽는 것까지 다 하나님께 맡겨 버리고 주님이 주시는 절대 평강을 누리는 복된 성도가 되기를 바랍니다.

불안할 때마다 임마누엘을 떠올리세요

둘째, 우리는 임마누엘을 기억하며 살아야 합니다. '임마누엘'은 '하나님이 우리와 함께하신다'라는 의미입니다. 우리는 하나님이 나와 함께하심을 늘 생각하며 살아야 합니다.

"끝으로 형제들아 무엇에든지 참되며 무엇에든지 경건하며 무엇에든지 옳으며 무엇에든지 정결하며 무엇에든지 사랑받을 만하며 무엇에든지 칭찬받을 만하며 무슨 덕이 있든지 무슨 기림이 있든지 이것들을 생각하라 너희는 내게 배우고 받고 듣고 본 바를 행하라 그리하면 평강의 하나님이 너희와 함께 계시리라"(빌 4:8-9). 사도 바울은 우리가 배우고 받고 듣고 본 바를 행하면 평강의 하나님이 함께 계신다고 말합니다. 평강은 하나님께로부터 옵니다. 하나님과 바른 관계가 정립되어야 평강을 누릴 수 있는 것입니다. 기도는 하는데 삶은 내 멋대로 살면 평강이 없습니다.

아무리 좋은 분을 아버지로 모시고 있다 할지라도 그 아버지의 자녀답게 살지 않으면, 그 아버지와 함께하지 않으면, 그 아버지의 명령에 순종하지 않으면 고생할 수 있습니다. 누가복음 15장에 나오는 탕자를 생각해 보십시오. 탕자의 아버지가 얼마나 좋은 아버지입니까? 능력도 많고, 사랑도 많고, 관대합니다. 그런데 그렇게 좋은 아버지를 모시고도 작은아들은 하마터면 굶어 죽을 뻔했습니다. 아버지를 떠나서 자기 멋대로 살았기 때문입니다. 아버지 없이 살았기 때문입니다. 우리가 아무리 하나님의 자녀라 해도 하나님을 하나님으로 인정하지 않고 내 멋대로 살면 하지 않아도 되는 생고생을 하게 될 수 있습니다.

우리는 하나님의 말씀에 순종해야 합니다. 늘 하나님이 함께 계심을 생각하고, 하나님 앞에서 살아야 합니다. 하나님과 함께 있는 것 자체가 복입니다. 그리고 하나님이 나와 함께 계심을 진심으로 인정하고 믿는 순간, 환경과 상관없이 마음속에 평강이 임합니다.

요셉의 생애를 보면 참 파란만장합니다. 17세에 형들에 의해 팔려가 애굽의 노예가 되고, 강간미수범으로 몰려 옥살이까지 했습니다. 그렇게 13년간을 잘 버텼습니다. 놀라운 것은, 요셉은 순간순간 최선을 다하면서 살았다는 것입니다. 어떻게 그렇게 살 수 있습니까?

'하나님 앞에서'(신전의식, 코람데오) 살았기 때문입니다. "내가 어찌 이 큰 악을 행하여 하나님께 죄를 지으리이까"(창 39:9). '하나님이 보고 계시는데, 하나님이 듣고 계시는데 어찌 함부로 행동할 수 있단 말인가?' 요셉은 이런 생각을 가졌기에 하나님 앞에서 평강을 누리며 바른 삶을 살 수 있었던 것입니다. 요셉에게 진정한 복은 애굽의 총리가 된 것이 결코 아닙니다. 하나님과 함께 사는 삶, 임마누엘의 삶이 요셉이 받은 진정한 복입니다.

요셉처럼 하나님만이 복인 사람은 세상 것들에 마음을 빼앗기지 않습니다. 하나님이 나와 함께하시고, 궁극적으로 그분과 함께 영원히 살 소망이 앞에 있는데 이보다 더 큰 복이 어디 있겠습니까. 나는 무엇을 진정한 복이라고 여기며 살고 있는지 스스로에게 물어보십시오. 하나님입니까, 하나님이 주시는 선물입니까? 임마누엘 하나님이 함께하시기 때문에 우리는 환경과 상관없이 하나님 한 분만으로 만족하며 평강을 누릴 수 있습니다.

스티브 브라운이라는 작가이자 목사님이 기내에서 경험한 이야기입니다. 그는 뉴욕에서 볼일을 보고 올랜도의 자기 집으로 돌아오는 비행기에서 아주 끔찍한 경험을 했습니다. 벼락과 천둥을 동반한 무서운 폭풍우를 만난 것입니다. 옆 좌석에는 젊은 어머니가 아이를 안고 있었습니다. 그는 굉장히 두려웠지만 무섭지 않은 척 점잖게 있으려고 애썼습니다. 그런데 어머니에게 안겨 있는 아이를 보고는 깜짝 놀랐습니다. 아이는 조금도 불안해하지 않았습니다. 오히려 기체가 흔들릴 때 까르르 웃으면서 즐거워했습니다. 그리고 기체가 가장 심하게 요동치는 순간에 아이는 어머니 품에서 새근새근 잠들어 있었습니다. 어머니와 함께 있기에 아이의 마음속에는 평강이 있었던 것입니다.

우리가 누리는 평강이 바로 이와 같지 않을까요? 상황과 상관 없습니다. 지위와 상관없습니다. 소유와 상관없습니다. '하나님이 내 아버지 되신다. 하나님이 나와 함께하신다. 나는 그 하나님께 기도할 수 있다.' 이 사실이면 족합니다. 폭풍우 같은 시간을 지나고 있다면 하나님만 바라보고 하나님만 의지하십시오. 그러면 그 힘든 시간에도 우리는 천국을 경험할 수 있습니다. 임마누엘 하나님이 함께하시는데 환경이 무슨 문제겠습니까. 임마누엘 하나님이 함께하신다면 그곳이 바로 천국 아닐까요?

우리의 인생이 끝나는 그날, 우리가 얼마나 누렸는지는 아무 의미가 없습니다. 오직 하나님과 함께했냐는 것만이 우리에게 의미가 있습니다. 세상 것에 마음을 뺏겨서 천국을 잃어버리는 일이 없기를 바랍니다. 매일의 삶 속에서 하나님만 복으로 여기는 삶을 살아가며 이 광야 길을 지혜롭게, 천국을 향하여 직진하기 바랍니다. 또한 아무것도 염려하지 말고 다만 모든 일에 기도와 간구로, 구할 것을 감사함으로 하나님께 아뢰십시오. 그리하면 모든 지각에 뛰어난 하나님의 평강이 그리스도 예수 안에서 우리 마음과 생각을 지키실 것입니다.

〔〔● 살아 계신 하나님이 바로
당신의 하나님이십니다

시편 34:1-10; 사무엘상 21:10-15

주님과 멀찌감치 살면
불합격입니다

요즘 TV를 보면 음식과 관련된 프로그램, 소위 '먹방'이 굉장히
많습니다. 음식을 어떻게 맛있게 먹을지, 어디에 맛있는 음식이
있는지 등 그 내용도 다양합니다. 그만큼 인기가 있다는 증거입
니다. 그런데 맛집을 찾아가 음식을 맛있게 먹는 모습을 보여 주
는 프로그램을 보고 실제로 그 식당에 가서 음식을 사 먹는 사람
이 얼마나 될까요? 아마 지극히 소수일 뿐, 대부분은 보는 것으로
만족할 것입니다. 이처럼 우리는 간접 체험이나 대리 만족에 익

숙해 있습니다.

문제는 이러한 성향이 신앙생활에도 그대로 연결된다는 것입니다. 신앙생활을 할 때 자신이 직접 체험하기보다는 다른 사람이 은혜 받은 간증을 듣는 데 만족해 버립니다. 누군가 기도해서 응답받은 간증을 들으면 '나도 기도해서 응답받아야겠구나'라고 생각해야 하는데, 그저 "아멘" 하고는 마치 자신이 응답받은 것마냥 만족합니다. 은혜도 간접적으로 받으려고 합니다.

우리 중에는 예수님을 믿은 지 10년 된 사람도 있고 20년 된 사람도 있습니다. 그렇다면 이 질문에 답해 보십시오. 예수님을 믿고 어떤 은혜를 받았습니까? 어떤 기도의 응답을 받았습니까? 간증거리가 얼마나 됩니까? 예수 그리스도를 인격적으로 만났습니까? 분명한 구원의 확신이 있습니까? 언제 죽어도, 언제 예수님이 재림하셔도 상관없다는 확신과 기쁨 가운데 날마다 천국의 소망을 가지고 살아가고 있습니까?

질문을 바꿔 보겠습니다. 기도 응답의 체험을 맛보기 원합니까? 분명한 구원의 확신을 갖고 싶습니까? 천국의 소망과 부활의 영광과 기쁨 가운데 살기를 원합니까?

만약 후자의 질문에도 "잘 모르겠습니다"라고 대답한다면 참 곤란합니다. 라오디게아 성도들처럼 미지근한 성도가 되고 맙니다. '미지근'에 만족하면 안 됩니다. 미지근은 본인은 합격이라고

생각하지만, 주님이 보시기에는 불합격입니다. 라오디게아 성도
들은 미지근한 상태에 만족하며 살았습니다. 그러나 주님은 그들
을 향해 "너희는 불합격이다. 열심을 내고 회개하라"고 말씀하셨
습니다(계 3:15-16, 19-20).

멀찍이 서서 구경만 하는 단계는 불합격입니다. 주님을 내 마
음속에 모셔 들여 주님과 함께 먹고 마시는 단계까지 나아가야
합니다. 주님과 함께 음식을 먹으려면, 함께 맛보려면 주님께 더
가까이 다가가야 합니다. 주님은 분명히 우리에게 풍성한 삶을
약속하셨습니다(요 10:9-10). 풍성한 삶이란 예수님을 믿고 천국 가
는 것만 의미하지 않습니다. 날마다 주님이 주시는 풍성한 꼴을
먹고 주님과 함께하는 삶, 이 땅에서도 천국의 기쁨과 부활의 영
광을 누리며 사는 삶입니다.

하나님의 선하심을 맛보는 삶을
살고 싶다면…

시편 34편에는 표제가 붙어 있는데, "다윗이 아비멜렉 앞에서 미
친 체하다가 쫓겨나서 지은 시"라고 기록되어 있습니다. 이 시는
다윗의 간증과 같은 시입니다. 그런데 같은 사건을 다루고 있는
사무엘상 21장 10절을 보면 "그날에 다윗이 사울을 두려워하여

일어나 도망하여 가드 왕 아기스에게로 가니"라고 기록되어 있습니다. 성경의 기록이 달라 오해할 수 있습니다. '아비멜렉'은 보통명사이고 '아기스'는 고유명사입니다. 지역에 따라서 최고 통치자를 가리키는 명칭이 다릅니다. 예를 들어, 애굽에서는 '바로', 몽골에서는 '칸', 블레셋에서는 '아비멜렉'이라고 각각 불렀습니다. 따라서 아비멜렉과 아기스는 동일 인물입니다.

다윗은 이새의 막내아들로서 존재감이 없었고 집안에서 궂은 일을 도맡아 하는 천덕꾸러기였습니다. 그러던 어느 날 다윗은 아버지 심부름으로 형들에게 음식을 가져다주려고 전쟁터에 갔다가 블레셋 장군 골리앗을 물매 돌로 물리쳤습니다. 그리고 사울의 아들 요나단의 사랑을 입었습니다. 요나단이 왕자의 갑옷과 칼을 선물할 정도로 가까워졌습니다. 뿐만 아니라 다윗은 사울의 딸 미갈과 결혼해 왕의 사위가 되었습니다. 그리고 전쟁터에서 싸울 때마다 매번 승전했습니다. 다윗이 전쟁터에서 돌아올 때면 여인들이 소리쳤습니다. "사울이 죽인 자는 천천이요 다윗은 만만이로다"(삼상 18:7). 다윗이 얼마나 기분이 좋았겠습니까.

그런데 문제가 생겼습니다. 질투심에 사로잡힌 사울왕이 그만 왕위가 흔들릴까 두려워 다윗을 죽이려 한 것입니다. 사울이 악귀에 들려 고통스러워할 때 다윗이 수금을 타면 악귀가 나가곤 했습니다. 하루는 다윗이 수금을 타고 있는데 사울이 다윗을 향해 단창을 던졌습니다. 다행히 피했지만, 정말 위험한 순간이었습니다.

다윗이 집으로 도망하자 사울은 군사를 보내 그를 지키다가 아침에 죽이라고 했습니다. 그 밤에 미갈이 몰래 창으로 탈출시켜 또 한 번 살긴 살았지만, 정말 위태롭지 않습니까.

뿐만 아닙니다. 월초가 되면 왕과 고관들이 함께 모여 식사를 하면서 군사 작전을 세우곤 했는데, 다윗이 생각하기에 그 자리에 갔다가는 잡혀서 죽을 것만 같았습니다. 그래서 다윗은 몰래 요나단을 만나 사울이 자기를 죽이려고 결심했는지 여부를 확인해 달라고 부탁했습니다. 요나단이 확인한 결과, 사울이 다윗을 죽이려고 한 것이 분명했습니다. 요나단은 그 소식을 다윗에게 신속히 알렸고, 다윗은 심복 몇 명과 함께 도망을 쳤습니다.

다윗은 도망하는 길에 제사장들의 땅 놉에 가서 대제사장 아히멜렉을 만났습니다. 아마도 하나님의 인도를 구하기 위해 그곳에 갔을 것입니다. 그런데 그곳에 사울의 목자장인 도엑이 있었습니다. 다윗은 가슴이 내려앉았습니다. 틀림없이 그가 사울왕에게 일러주지 않겠습니까. 이후 다윗은 사울을 피해 정신없이 도망쳤습니다. 유대 땅 어디에도 안전한 곳이 없었습니다. 사방에 사울의 첩자들이 깔려 있을 것이기 때문입니다. 이에 다윗은 가장 안전한 곳, 즉 사울의 적이 있는 블레셋 땅으로 가기로 마음을 먹었습니다.

아마도 다윗은 '블레셋 사람은 사울을 미워하므로 나를 지켜 줄 것이다. 내가 정식으로 망명한다면 나를 받아 줄 것이다'라고 생각해 블레셋 가드 땅으로 간 것 같습니다. 그런데 가드가 어떤 땅입니까? 다윗이 물매 돌로 쓰러뜨린 후 목을 베어 버린 적군 골리앗의 고향입니다.

아니나 다를까 신하들이 들고 일어났습니다. "이는 그 땅의 왕 다윗이 아니니이까 무리가 춤추며 이 사람의 일을 노래하여 이르되 사울이 죽인 자는 천천이요 다윗은 만만이로다 하지 아니하였나이까"(삼상 21:11). 다윗은 분위기가 심상치 않음을 느꼈습니다. 여우를 피해서 호랑이 굴에 들어온 격이었습니다. 아마도 다윗은 그 순간 하나님께 기도했을 것입니다. "하나님, 승승장구하다가 제 마음이 교만해졌습니다. 사람을 바라보고 세상만 보다가 하나님과 거리가 멀어졌습니다. 제가 믿음이 없었습니다. 제발 살려 주십시오."

믿음이 부족했기에 목숨이 위태로울 때 하나님 품에 숨지 않고 대적 블레셋 아기스의 품을 찾아온 것입니다. 이스라엘의 왕으로 기름 부음 받은 자가 자기의 생명을 유지하기 위해 하나님의 품을 떠나 이방 왕의 품에 안기다니, 있을 수 없는 일이지 않습니까.

그때 하나님이 다윗에게 지혜를 주셨습니다. '그래, 미친 척하자!' 다윗은 갑자기 행동을 바꾸어 미친 체하고 대문짝에 그적거리며 침을 수염에 흘렸습니다. 그 모습을 본 아기스가 신하들에게 말했습니다. "너희도 보거니와 이 사람이 미치광이로다 … 내게 미치광이가 부족하여서 너희가 이 자를 데려다가 내 앞에서 미친 짓을 하게 하느냐"(삼상 21:14-15).

미치광이를 당장 쫓아내라는 아기스왕 덕분에 다윗은 구사일생했습니다. 하나님이 다윗의 기도를 들으시고 아기스왕의 판단력을 어둡게 만드신 것입니다. 그래서 다윗이 살았습니다. 이에 하나님께 너무 감사한 다윗이 하나님께 쓴 감사의 시가 바로 시편 34편입니다.

하나님은 범죄한 다윗, 하나님을 바라보지 못한 다윗이라 할지라도 죄인인 그의 기도를 들으시고 죽음에서 건져 주신 좋으신 하나님입니다. 그리고 그 하나님이 바로 우리가 믿는 하나님이십니다. 그러므로 우리도 비록 깨끗하게 살지 못했지만, 성도답게 살지 못했지만 우리의 죄를 회개하고 하나님께 도움을 구하면 하나님이 우리에게 선을 베풀어 주십니다.

그렇다면 어떻게 해야 다윗처럼 하나님의 선하심을 맛보는 삶을 살 수 있을까요?

은혜의 하나님을 바라보세요

첫째, 하나님의 선하심을 맛보려면 은혜의 하나님을 바라보아야 합니다. "나와 함께 여호와를 광대하시다 하며 함께 그의 이름을 높이세 내가 여호와께 간구하매 내게 응답하시고 내 모든 두려움에서 나를 건지셨도다 그들이 주를 앙망하고 광채를 내었으니 그들의 얼굴은 부끄럽지 아니하리로다"(시 34:3-5). '주를 앙망하고'라는 표현에서 알 수 있듯이, 다윗은 문제의 원인이 무엇인지를 깨달았습니다. '내가 지금 하나님을 바라보지 않았구나. 내가 하나님의 도움을 구하지 않고 세상과 사람을 바라보았구나' 하고 자기 잘못을 알아차린 것입니다. 문제를 해결하려면 문제의 원인을 정확히 파악해야 합니다.

누가복음 15장 탕자의 비유에서 탕자는 돼지를 치다가 먹을 것이 없어 꼼짝없이 굶어 죽게 되었습니다. 그때 탕자가 이렇게 생각했다면 어떻게 되었을까요? '내가 이렇게 어려운 처지가 된 이유는 친구를 잘못 사귀었기 때문이다. 투자를 잘못했기 때문이다. 취직을 잘못했기 때문이다.' 만약 그러했다면 문제가 제대로 해결되지 않았을 것입니다. 그는 원인을 바로 깨달았습니다. '내가 왜 이렇게 어려운 처지가 되었는가? 마음대로 살고 싶어서 아버지의 집을 떠났기 때문이다.' 자기 잘못을 깨달은 탕자는 스스로 돌이켰습니다. "이에 스스로 돌이켜 이르되 내 아버지에게는 양식이 풍족한 품꾼이 얼마나 많은가 나는 여기서 주려 죽는구나"(눅 15:17).

하나님은 우리가 하나님을 바라보도록 강제하지 않으십니다.

그렇게 되면 하나님이 주신 자유의지가 침해받게 됩니다. 하나님은 우리의 인격과 자유의지를 존중해 주시는 분입니다. 만약 아버지가 아들이 굶어 죽어 간다는 소문을 듣고는 종을 보내 당장 끌고 왔다면 그의 몸만 집에 올 뿐 마음은 여전히 집 나간 채였을 것입니다. 그러나 아버지는 '힘들면 깨닫겠지. 힘들면 돌아오겠지' 하며 날마다 먼 밖을 바라보며 아들을 기다렸습니다. 그래서 아들이 스스로 깨닫고 돌아오자 맨발로 뛰어나가 맞아들인 것입니다.

예수님은 문밖에 서서 두드리시는 분입니다(계 3:20). 문을 부수고 들어오지 않으십니다. 그만큼 우리의 인격을 존중하시기 때문입니다. 우리가 어려움을 당할 때 하나님이 알아서 도와주시는 것이 아닙니다. 고난은 하나님이 하나님의 도움을 구할 수 있는 기회를 우리에게 주시는 것입니다.

예수님은 마태복음 11장 28절에서 이렇게 말씀하셨습니다. "수고하고 무거운 짐 진 자들아 다 내게로 오라 내가 너희를 쉬게 하리라." 이 말씀이 마음에 들지 않는 분이 있을지 모르겠습니다. 주님이 "짐이 정말 무겁겠구나. 수고가 많구나" 하시며 알아서 우리의 짐을 벗겨 주시면 얼마나 좋겠습니까? 그러나 주님은 그렇게 하지 않으십니다. "힘들고 무거우냐? 그러면 내게로 오라"고 하십니다. 우리가 도저히 내 힘으로는 안 된다고 도와 달라고 요청할 때에야 주님이 도와주신다는 의미입니다.

미국으로 유학 간 지 얼마 안 된 사람이 한번은 길에서 비틀거리는 장애인을 보고는 얼른 가서 잡아 주었습니다. 그런데 그때 당황스럽게도 그 장애인이 화를 내면서 손을 확 뿌리치면서 "내버려 두십시오! 저 혼자 할 수 있습니다" 하더랍니다. 그가 돌아와서는 유학 온 지 꽤 오래된 친구에게 하소연했습니다. "내가 도대체 뭘 잘못했어? 나는 그냥 도와주었을 뿐인데, 미국 사람들 참 이상하네." 그때 친구가 알려 주었습니다. "그럴 때는 'May I help you?'(도와드릴까요?)라고 물어봐야 해. 먼저 상대방의 의향을 묻고, 도와 달라고 하면 그때 도와주어야지, 도움을 구하지 않았는데도 도와주면 그 사람을 무시하는 거야. 그 사람의 능력 없음을 인정하게 되는 것이지. 그럼 자존심이 상하잖아."

그런 이유로 하나님은 우리가 기도하지 않으면 주지 않으십니다. 주님은 "구하라 그리하면 너희에게 주실 것이요 찾으라 그리하면 찾아낼 것이요 문을 두드리라 그리하면 너희에게 열릴 것이니"(마 7:7)라고 말씀하셨습니다. 고통 중에 있습니까? 내 힘으로 해결할 수 없는 문제가 있습니까? 문제를 바라보지 말고, 나를 바라보지 말고 하나님을 바라보십시오.

응답될 때까지 절박한 마음으로 부르짖으세요

둘째, 여호와의 선하심을 맛보기 위해서는 절박한 심정으로 응답될 때까지 부르짖어야 합니다. "이 곤고한 자가 부르짖으매 여호와께서 들으시고 그의 모든 환난에서 구원하셨도다 여호와의 천사가 주를 경외하는 자를 둘러 진 치고 그들을 건지시는도다 너희는 여호와의 선하심을 맛보아 알지어다 그에게 피하는 자는 복이 있도다"(시 34:6-8). 다윗은 생명이 경각에 달린 위험한 순간에 하나님께 절박하게 부르짖었습니다.

"기도 응답을 체험했습니까? 기도 맛을 보았습니까?"라는 질문에 "그런 체험이 별로 없습니다"라고 답하는 사람들에게는 공통점이 있습니다. 절박한 심정이 없다는 것입니다. 얼마나 기도했습니까? 그저 매일 5분, 10분 기도하면 10년, 20년 지나도 달라지는 것은 아무것도 없습니다. 기도에 시간을 좀 더 많이 투자해야 합니다.

맛을 제대로 보려면 한 번 먹어서는 알 수 없습니다. 몇 번 먹어 봐야 참맛을 알게 됩니다. 한국에 잠깐 관광차 다녀간 외국인들은 김치 맛을 모릅니다. 그러나 한국에서 몇 년 산 사람은 고국으로 돌아가서도 김치를 찾곤 합니다. 많이 먹어 보아 김치 맛을 알게 되었기 때문입니다.

혹시 홍어를 좋아합니까? 어느 날 아내가 갑자기 홍어가 먹고 싶다고 해서 식당을 찾아가 홍어를 주문했습니다. 홍어 한 점을 입에 넣었습니다. 그런데 세상에 이렇게 맛없는 음식이 있나요? 도저히 먹을 수가 없었습니다. 하지만 이미 2인분을 주문했기에 냄새를 꾹 참고 다 먹었습니다. 그렇게 여러 번 먹고 나니까 나중에는 톡 쏘는 맛이 매력인 홍어 맛을 제대로 알게 되었습니다. 지금은 홍어를 좋아하고 잘 먹습니다. 덜 삭힌 홍어는 맛이 없고, 폭 삭아 톡 쏴야 제맛이 납니다. 자꾸 먹어 보니까 맛을 알게 되었습니다.

기도 맛을 알고 싶습니까? 그러면 지금보다 기도 시간을 늘려야 합니다. 기도하는 자리를 찾아 더 많이 기도하십시오. 기도하는 시간을 늘려야 기도의 참맛을 알 수 있습니다.

기도해야 되는지 알고, 기도하기로 마음까지 먹어도 실제로 기도가 안 된다는 분들이 있습니다. 그분들을 위해 《인생 반전: 착한 사람만이 얻을 수 있다》(모아북스, 2018)라는 책을 소개하겠습니다.

이 책에는 마음먹었는데도 실천하지 못하는 사람들에게 도움을 주는 내용인 '행동 유발 십전대보탕'이 나옵니다. 마음먹은 대로 못하는 이유는 마음의 힘이 없기 때문이라는 것입니다. 마음의 보약인 행동 유발 십전대보탕은 모두 두 가지입니다. 하나는 절실함이고, 하나는 우선순위입니다.

백해무익한 담배를 끊지 못해서 고민 중인 사람을 보았습니다. 어느 날 자꾸 기침이 나서 병원에서 진단을 받아 보니 폐암이라고 했습니다. 의사가 "살고 싶으면 담배를 끊으십시오" 하자 그 끊지 못하던 담배를 당장 끊었습니다. 절실하면 행동하게 됩니다.

만약 의사가 그에게 "제일 먼저 암 치료 약부터 드십시오"라고 말했다면 그는 일찍 일어나 무엇을 할까요? 신문을 볼까요, TV를 켤까요, 약을 먹을까요? 당연히 가장 먼저 약을 먹을 것입니다.

시간 관리가 무엇입니까? 시간 관리는 어디에 몇 시간을 이용할 지 계획해 시간을 쪼개는 것이 아닙니다. 무엇을 먼저 하고, 무엇을 나중에 할지 우선 순위대로 시간을 배열하는 것이 시간 관리입니다. 정말 하나님을 만나는 시간이 절실하다면 "바빠서 기도하지 못했습니다"라는 말은 핑계에 불과합니다. 그 무엇보다 먼저 기도 시간을 확보해야 합니다. 먼저 기도하고, 성경 보고, 하나님의 뜻을 알고, 하나님의 인도하심을 받은 후 하루를 출발해야 합니다. 그리고 중요한 것은 말씀을 듣는 것이 아니고 말씀을 실천하는 것입니다.

저는 5-6세 때부터 교회를 다녔습니다. 고등학교를 졸업하고 바로 신학대학교에 입학했습니다. 신학대학교를 다니면 믿음이 더 좋아질 줄 알았는데, 프리드리히 슐라이어마허(Friedrich Schleiermacher), 루돌프 불트만(Rudolf Bultmann) 등의 신학을 듣고 나면 철석같이 믿고 있었던 신앙이 흔들렸습니다. 기독교의 기본 교리마저 의문이 들었습니다. 물론 믿는 마음이 더 컸지만, 그래도 너무 괴로웠습니다. 문제는 기독교교육학을 전공했기 때문에 3학년이 되면 교육 전도사로 어린아이들 앞에서 설교하는 사역을 해야 한다는 것이었습니다.

2학년 여름 방학을 맞이할 때까지도 해결되지 않았습니다. 기도했습니다. 그간 1년 반이나 지났지만 응답되지 않았습니다. 가만히 생각해 보니까 집중적으로 기도하지 못한 것 같았습니다. 조금 기도하다가 그만두고, 또 조금 기도하다가 그만두기가 여러 차례였습니다. 그래서 이번에는 집중적으로 기도해야겠다고 생각해 방학이 되자마자 모든 계획을 미루고 기도원에서 금식하며 밤이 맞도록 기도했습니다. "하나님을 직접 만나고 싶습니다. 저를 만나 주세요. 하나님이 살아 계신 것을 지금 보여 주세요."

간절히 기도할 때 어느 한 순간, 매우 짧은 순간 아주 맑은 물 같은 느낌, 매우 투명한 크리스털 같은 느낌이 들면서 하나님이 제 마음속 모든 의심을 완벽하게 제거해 주셨습니다. 하나님의 살아 계심과 예수님의 십자가 부활, 성경의 모든 내용을 100% 완벽하게 믿을 수 있는 믿음을 주셨습니다. 그리고 그때 강력한 성령의 은사를 체험했습니다.

새벽에 기도원에서 나올 때 동녘에 동이 트면서 하늘이 파랗게 보이는데, 어제 본 그 하늘이 아니었습니다. 새 하늘이었습니다. 하늘을 바라보니 마치 하나님의 얼굴을 뵙는 것 같았습니다. 바람 소리가 "희근아, 내가 너를 사랑한다"라는 하나님의 사랑의 속삭임으로 들렸습니다. 꽃을 보는데, 꽃이 방긋방긋 웃으며 이렇게 말하는 것 같았습니다. "희근 씨, 사랑해요. 지금 제가 이 자리에 피어 있는 이유는 당신 때문이에요. 저는 당신을 위해 존재한답니다. 하나님이 당신을 기쁘게 하시기 위해 저를 여기 심으셨어요." 나무도 나를 위해 존재하는 것 같고, 세상 모든 것이 다 하나님의 사랑으로 느껴졌습니다.

그 순간, 저는 성 어거스틴(St. Augustine)이 《고백록》에서 한 말이 떠올랐고, 동시에 그 의미를 깨닫게 되었습니다. "하나님은 마치 이 세상에 사랑할 사람이 나 하나밖에 없는 것처럼 나를 사랑하신다." 당시만 해도 그 말의 의미가 무엇인지 알지 못했는데, 체험하고 보니 확연히 깨닫게 되었습니다.

버스를 타고 집으로 돌아오는 길에 버스 안에 있는 사람들에게 전도하고 싶어서 견딜 수가 없었습니다. "당신은 하나님을 만나 보셨습니까? 저는 하나님을 만났습니다. 하나님도 살아 계시고, 당신도 살아 있는데 만나지 못할 이유가 무엇입니까. 제가 만난 하나님을 당신도 만나 보세요." 한 사람, 한 사람 붙들고 하나님을 소개하고 싶었습니다.

다윗이 만난 하나님, 제가 만난 하나님이 바로 당신의 하나님이십니다. 누구나 그 하나님을 만날 수 있습니다. 아직까지 하나님을 만난 체험이 없다면 한번 집중적으로 기도해 보십시오. 하나님은 분명 우리에게 약속하셨습니다.

"나를 사랑하는 자들이 나의 사랑을 입으며 나를 간절히 찾는 자가 나를 만날 것이니라"(잠 8:17). "여호와의 말씀이니라 너희를 향한 나의 생각을 내가 아나니 평안이요 재앙이 아니니라 너희에게 미래와 희망을 주는 것이니라 너희가 내게 부르짖으며 내게 와서 기도하면 내가 너희들의 기도를 들을 것이요 너희가 온 마음으로 나를 구하면 나를 찾을 것이요 나를 만나리라"(렘 29:11-13).

삶이 힘듭니까? 노후가 염려됩니까? 구원의 확신이 흔들립니까? 천국의 소망을 잃었습니까? 그렇다면 지금 기도할 기회를 잡은 것입니다. 하나님이 주신 소중한 기회입니다. 우리에게 주어진 고난은 "May I help you?"(도와줄까?)라는 하나님의 음성입니다. 고통 중에 신음만 하지 맙시다. 이제 눈을 들어 하나님을 바라보고 하나님께 기도합시다. 응답될 때까지 기도합시다. 이제는 순종해야 하고, 이제는 실천해야 합니다. 얼마나 기도하기 좋은 계절입니까. 얼마나 성경 읽기 좋은 때인지요. 이때에 우리는 인생의 겨울을 준비해야겠습니다.

주님이 계시기에
소망이 있습니다

요한복음 8:2-11

주님의 선택은
한결같이 '사랑'입니다

낭만주의의 대표적인 화가 단테 가브리엘 로제티(Dante Gabriel Rossetti)의 "발견"이라는 그림이 있습니다. 한 청년이 다리 위에서 창기인 여인에게 사랑을 고백하고 있습니다. 여인은 도망치려 하고 있고, 남자는 그 손을 놓지 않으려 합니다. 이 그림에는 숨겨진 이야기가 있습니다.

어느 한적한 시골에서 두 남녀가 사랑에 빠졌습니다. 둘은 결혼을 약속했습니다. 그런데 중간에 여자가 배신하고 도시로 떠났고, 향락에 빠져 젊음을 낭비했습니다. 돈이 떨어지자 할 수 없이 창기가 되었습니다. 그녀는 몸도 마음도 피폐해졌습니다. 한편 남자는 여자를 포기하지 않고 이리저리 찾아다녔고, 마침내 여자가 런던에 있다는 소문을 듣고는 찾아갔습니다.

두 사람은 다리 위에서 만났습니다. 여인의 아름다운 모습은 사라지고 추하고 초라한 모습만 남았습니다. 그러나 남자는 여전히 그녀를 사랑하기에 다시 돌아오라고 말했습니다. 여인은 너무 미안해서 용서를 구할 염치도 없어 도망치려 했습니다. 그래도 남자는 변함없이 그 손을 놓지 않고 "그래도 나는 너를 사랑한다"고 고 했습니다.

저는 그림 속 여인의 모습을 통해서 한국 교회의 모습을 봅니다. 또한 제 모습을 봅니다. 그리고 이 남자의 모습에서 그럼에도 나를 사랑하시는 예수님의 모습을 봅니다.

본문인 요한복음 8장 2-11절은 매우 희귀한 사건입니다. 간음죄는 어느 시대에나 있는 보편적인 죄이지만, 간음하다 현장에서 발견되는 경우는 드뭅니다.

예수님이 성전에서 가르치시는데 서기관들과 바리새인들이 간음 중에 현장에서 잡힌 여인을 끌고 와서 가운데 세우고 예수님께 물었습니다. "선생이여[랍비여] 이 여자가 간음하다가 현장에서 잡혔나이다 모세는 율법에 이러한 여자를 돌로 치라 명하였거니와 선생은 어떻게 말하겠나이까"(요 8:4-5). 사실 그들은 예수님을 존경하지 않았고, 랍비로도 인정하지 않았습니다. 단지 예수님을 죽이고자 모함하기 위해서 여인을 예수님 앞에 데리고 온 것입니다. 그러면서 "랍비여"라고 말했습니다.

랍비는 유대 사회에서 가장 존경받는 사람으로서, 자신에게 질문하는 사람들에게 답변할 의무가 있었습니다. 랍비가 다른 사람의 질문을 회피하는 것은 아주 비겁한 처사였습니다. 그래서 그들은 예수님이 대답을 회피하지 못하시도록 "랍비여"라고 부른 것입니다. 그러고는 "이 여인을 어떻게 할까요?"라고 질문했습니다.

당시 이스라엘은 로마의 식민지였습니다. 물론 상당한 종교적 자율권을 보장해 주었기에 산헤드린 공의회에서 심각한 죄를 지은 자에게 사형을 선고할 수 있었습니다. 그러나 사형을 집행할 수 있는 권한까지는 없었습니다. 사형 집행권은 오직 황제에게만 있었고, 황제의 권한을 대행하는 총독만 시행할 수 있었습니다. 그래서 예수님이 십자가에 못 박히실 때도 산헤드린 공의회에서 사형을 선언하고, 총독 빌라도에게 사형 집행을 요청하는 모습을 볼 수 있습니다.

바로 이런 상황에서 예수님이 간음한 여인을 돌로 쳐서 죽이라고 하시면 로마에 대한 반역죄가 되며, 그렇다고 죽이지 말라고 하시면 모세의 율법을 어긴 율법 모독죄가 됩니다. 이도 저도 못하시는 상황이었던 것입니다. 그러니 서기관들과 바리새인들은 속으로 회심의 미소를 지었을 것입니다.

예수님이 어떻게 하셨습니까? 즉각 대답하지 않으시고 몸을 굽혀 손가락으로 땅에 무엇인가를 쓰셨습니다. 두 번 반복하셨습니다. 무엇이라고 쓰셨을까요? 서기관들과 바리새인들의 죄목을 적으셨을까요? 죄지은 사람들의 이름을 쓰셨을까요? 성경에 그 내용이 기록되어 있지 않아 알 수 없지만, 분명한 것은 사람들이 그 글씨를 보는 순간 양심의 가책을 느끼고 자신을 돌아보게 되었다는 것입니다. 그들은 자신들의 죄를 깨닫고는 "너희 중에 죄 없는 자가 먼저 돌로 치라"(요 8:7)라는 예수님의 말씀을 듣고 다 떠났습니다. 그리고 예수님과 여인만 남았습니다.

예수님이 여인에게 질문하셨습니다. "여자여 너를 고발하던 그들이 어디 있느냐 너를 정죄한 자가 없느냐"(요 8:10). "주여 없나이다"라는 여인의 대답에 예수님은 이렇게 말씀하셨습니다. "나도 너를 정죄하지 아니하노니 가서 다시는 죄를 범하지 말라"(요 8:11).

그럼에도 불구하고
주님은 사랑하십니다

예수님은 이 사건을 통해서 자신을 죽이려 한 서기관들과 바리새인들에게 회개할 기회를 주셨습니다. 땅에 쓰신 글씨를 보고 스스로 죄에서 돌이킬 수 있도록 하신 것입니다. 예수님은 자신을 죽이려 한 그들도 사랑하신 것입니다. 그리고 간음하다 현장에서 잡힌 여인을 살려 주신 후 그녀에게 새로운 삶을 살라고 말씀하셨습니다. 본문을 통해서 하나님이 우리에게 주시는 메시지가 있습니다.

남들이 아닙니다. 자신을 보아야 합니다

첫째, 우리는 타인의 죄보다 나 자신의 죄를 돌아보아야 합니다. 사람들은 간음한 여인을 정죄하며 돌을 던지려 한 순간, 자신의 죄는 보지 못했습니다. 종종 우리는 자식을 죽인 부모, 사악한 정치인, 비양심적인 기업가들에 대한 기사를 접할 때면 쉽게 욕하고 정죄하곤 합니다. 그러는 동안에는 마치 자신은 의인인 양 착각합니다. 그러나 우리는 남의 죄를 보거든 자신의 죄를 돌아보아야 합니다.

희랍 격언에 이런 이야기가 있습니다. 사람에게는 사람의 허물을 집어넣는 자루가 있는데, 앞에 있는 자루에는 다른 사람의 허물을 담고 뒤에 있는 자루에는 자신의 허물을 담는다는 것입니다. 그래서 다른 사람의 허물은 잘 보이는데 자신의 허물은 잘 보이지 않는다고 합니다. 이와 비슷한 말씀을 주님이 마태복음 7장에서 하셨습니다. "비판을 받지 아니하려거든 비판하지 말라 너희가 비판하는 그 비판으로 너희가 비판을 받을 것이요 너희가 헤아리는 그 헤아림으로 너희가 헤아림을 받을 것이니라 어찌하여 형제의 눈 속에 있는 티는 보고 네 눈 속에 있는 들보는 깨닫지 못하느냐 보라 네 눈 속에 들보가 있는데 어찌하여 형제에게 말하기를 나로 네 눈 속에 있는 티를 빼게 하라 하겠느냐 외식하는 자여 먼저 네 눈 속에서 들보를 빼어라 그 후에야 밝히 보고 형제의 눈 속에서 티를 빼리라"(마 7:1-5).

다른 사람의 죄를 보는 순간, '내게도 같은 죄가 없는가?' 하며 자신을 살펴볼 때 나와 그 사람이 별다른 차이가 없음을 인정하게 될 수밖에 없습니다. 간음한 여인을 돌로 치려 한 그 현장에 간음죄를 범한 또 다른 사람이 없었을까요? 아마도 있었을 것입니다. 여인은 들켰고, 그는 들키지 않았을 따름입니다.

기사에 실린 사람들이 지은 악한 죄를 나는 짓지 않았을까요? 아닙니다. 들키지 않았고 성격이 다를 뿐 나도 똑같은 죄인입니다. 죄인이 아닌 사람이 어디 있습니까. 우리 모두가 다 죄인입니다. 남을 정죄할 자격이 없는 것입니다. 기회가 없었고 용기가 없었을 뿐이지, 같은 상황이었다면 나도 죄를 저질렀을 것입니다. 예수님은 마음으로 죄를 지었다면 그 역시 죄라고 말씀하셨습니다. "또 간음하지 말라 하였다는 것을 너희가 들었으나 나는 너희에게 이르노니 음욕을 품고 여자를 보는 자마다 마음에 이미 간음하였느니라"(마 5:27-28). 하나님 앞에서 "저는 마음속까지 죄가 없습니다"라고 고백할 사람이 있겠습니까. 그러므로 다른 사람의 죄를 보면 자신의 죄를 돌아보고 회개할 기회로 삼아야 합니다.

'그럼에도 불구하고'의 사랑을 깨달으세요

둘째, 내가 죄인임을 깨달았다면 이제는 '그럼에도 주님은 나를 정죄하지 않으신다'는 사실을 알아야 합니다. 간음은 죄이기에 간음을 저질렀다면 죄인이 맞고, 모세의 율법에 따라 돌로 쳐서 죽임을 당해야 마땅했습니다. 그러나 주님은 여인을 정죄하지 않으셨습니다.

그런데 간음하다 현장에서 잡힌 여인에게 예수님이 "죄가 없다"고 선언하셔도 되는 것입니까? 도대체 무슨 근거로 죄 사함을 선언하신 것일까요?

'십자가'입니다. 예수님은 자신이 질 십자가를 근거로 여인을 정죄하지 않으신 것입니다. "내가 너를 위해 십자가를 짐으로써 네 죄 문제를 해결하겠다"고 말씀하신 것입니다. 간음한 죄인이 받아야 할 벌을 예수님이 대신 십자가에서 받겠다고 하신 것입니다. 그래서 예수님이 여인에게 죄 없음을 선포하신 것입니다.

사도 바울은 "그러므로 이제 그리스도 예수 안에 있는 자에게는 결코 정죄함이 없나니"(롬 8:1)라고 말합니다. 무엇을 근거로 한 말씀입니까? 십자가입니다. 예수님이 십자가에서 내 죗값을 지불하셨기 때문에 비록 나는 죄를 지었지만 "죄가 없다"고 선언할 수 있는 것입니다. 십자가가 있기에 우리는 죄를 지었으나 다시 일어서는 용기를 가질 수 있습니다.

로마는 법 집행으로 유명한 거대 제국이었습니다. 수많은 민족과 문화를 정복해 하나의 대제국을 이루었는데, 공정하고 엄정한 법 집행이 아니고는 불가능했습니다. 그런데 로마의 시민권을 가진 사람은 재판 중에 불이익을 당할 경우 로마 황제에게 상고한 후 황제 앞에서 재판받을 권한이 주어졌습니다. 로마 시민권을 가진 사도 바울이 이 권리를 행사하는 장면을 사도행전에서 볼 수 있습니다.

황제가 판결을 내리면 그것이 최종 판결입니다. 아무도 이의를 제기할 수 없습니다. 황제가 "무죄!"를 선언하면 그 사람은 무죄입니다. 하물며 황제보다 더 높으신 하나님이 무죄라고 하시니, 그 누구도 이의를 제기할 수 없습니다. 내가 내 죄의 대가로 심판을 받아야 하는데, 예수님이 나를 대신해 십자가에 못 박히심으로 내 죄를 깨끗하게 하시고 "죄가 없다"고 선포하신 것입니다.

"그러므로 이제 그리스도 예수 안에 있는 자에게는 결코 정죄함이 없나니 이는 그리스도 예수 안에 있는 생명의 성령의 법이 죄와 사망의 법에서 너를 해방하였음이라 … 누가 능히 하나님께서 택하신 자들을 고발하리요 의롭다 하신 이는 하나님이시니 누가 정죄하리요 죽으실 뿐 아니라 다시 살아나신 이는 그리스도 예수시니 그는 하나님 우편에 계신 자요 우리를 위하여 간구하시는 자시니라"(롬 8:1-2, 33-34). 우리는 예수님 때문에 죄를 지었으나 용서받았으며, 새로워질 수 있는 기회를 얻었습니다.

예수님이 새롭게 하시니 다시 일어설 수 있습니다

셋째, 예수님은 우리를 새롭게 하시는 분입니다. 주님은 정죄하지 않으실뿐더러 우리를 새롭게 해 주십니다. "예수께서 일어나사 여자 외에 아무도 없는 것을 보시고 이르시되 여자여 너를 고발하던 그들이 어디 있느냐 너를 정죄한 자가 없느냐 대답하되 주여 없나이다 예수께서 이르시되 나도 너를 정죄하지 아니하노니 가서 다시는 죄를 범하지 말라 하시니라"(요 8:10-11).

그런데 가서 다시는 죄를 범하지 않는 일이 과연 가능할까요? 이 여인이 인생에 단 한 번 간음죄를 지었는데 바로 그 첫 번째 범죄한 현장에서 잡혔다고 생각합니까? 문맥상 그렇게 된 것 같지 않습니다. 사냥꾼들은 짐승들이 자주 다니는 길목에 올무를 놓습니다. 아마도 여인은 이미 상당한 간음죄를 지었을 것이고, 서기관들과 바리새인들은 그녀를 지목해 불량한 남자를 보냈을 것이고, 아니나 다를까 여인이 올무에 걸려든 것 같습니다. 그래서 간음한 현장에서 남자는 보내고 여인만 잡아 예수님께 끌고 온 것입니다. 충분히 짐작되는 상황입니다.

그녀는 이미 많은 죄를 반복해서 지은 여인으로서, 인간적으로 볼 때 소망이 없었습니다. 도저히 간음죄를 이길 능력이 없는 것만 같아 보입니다. 실제로 여인의 능력으로는 죄를 이길 수 없었습니다. 이 여인이라고 양심의 가책을 느끼지 않았을까요? 그러나 양심의 가책이 그녀로 하여금 죄를 끊고 새사람이 되게 하지는 못했습니다. 우리도 마찬가지입니다. 우리는 죄를 짓고 양심의 가책을 받습니다. 그러나 양심의 가책이 우리로 하여금 죄를 끊고 새사람이 되게 하지는 못합니다.

게다가 여인은 간음하다 잡히면 돌에 맞아 죽을 것을 알았을 것이고, 따라서 두려웠을 것입니다. 그러나 형벌에 대한 두려움도 여인을 새롭게 하지는 못했습니다. 형벌을 두려워하는 마음이 우리를 새롭게 할 수 없습니다.

그렇다면 무엇이 여인을 새롭게 했습니까? 이해할 수 없는 한량없는 주님의 사랑과 용서입니다. 모두가 소망이 없다 하고, 외면하고, 죽이려 한 순간, 주님은 "아니다. 너는 소망이 있다. 너는 살아야 한다. 너는 새롭게 될 수 있다"라고 하셨습니다. 바로 그 주님의 용서와 사랑과 기대가 여인을 새롭게 변화시켰습니다.

이어서 예수님은 이렇게 말씀하셨습니다. "나는 세상의 빛이니 나를 따르는 자는 어둠에 다니지 아니하고 생명의 빛을 얻으리라"(요 8:12). 예수님을 믿고 따르는 자는 결코 어둠 속에 있을 수 없으며, 반드시 생명의 빛을 따르게 됩니다. 지금 잠시 잘못을 저지른 것은 사실입니다. 지금 죄에 굴복하고 죄 때문에 넘어졌습니다. 그러나 그것이 끝이 아닙니다. 다시 일어설 것입니다.

"강한 사람이 살아남는 것이 아니라 살아남은 사람이 강한 사람이다"라는 말처럼, 의로운 자가 주님께 인정받는 것이 아니라 주님께 인정받은 자가 의로운 자입니다. 마지막에 웃는 자가 진정한 승자입니다. 주님은 우리가 마지막에 웃게 만들어 주십니다. 많은 실수와 반복되는 죄가 있지만 그럼에도 하나님은 우리를 용서하시고 또 용서하십니다. 넘어질 때마다 다시 일으켜 주십니다. 그리고 말씀하십니다. "나는 너를 믿는다. 다시 한 번 도전해라. 너는 깨끗한 삶을 살 수 있다." 하나님은 우리에게 용기를 불어넣어 주십니다. 우리에게 주님이 계시기에 소망이 있는 것입니다.

"이것을 너희에게 이르는 것은 너희로 내 안에서 평안을 누리게 하려 함이라 세상에서는 너희가 환난을 당하나 담대하라 내가 세상을 이기었노라"(요 16:33). 세상을 이기시고 사탄과 죄악의 권세를 이기신 주님이 나와 함께하십니다. 주님을 의지할 때 죄를 이길 수 있습니다. 주님께 영광 돌리는 삶을 살아갈 수 있습니다.

내 힘으로는 할 수 없습니다. 양심의 가책으로도 안 됩니다. 형벌에 대한 두려움으로도 불가능합니다. 십자가의 무조건적인 용서와 사랑이 우리로 승리하게 합니다.

주님의 사랑과 용서가 있기에 우리는 마침내 죄를 이기고 승리할 것입니다. 주님께 영광 돌리는 삶을 살게 될 것이고, 천국에서 영원히 주님의 사랑을 누리며 살 것입니다.

2장

천국의 시작은
예수님과
함께하는 것입니다

**((● 당신을 위한 생명의 떡을
날마다 먹어야 합니다**

요한복음 6:1-15, 22-40

진짜 예수님을
바르게 믿어야 합니다

초등학교 1학년 철이는 다른 과목은 곧잘 하는데 수학이 조금 약
합니다. 더하기는 그럭저럭 따라가는데 빼기를 잘 못해서 엄마가
실물 교육을 하기로 했습니다. "철이야, 여기 네가 좋아하는 호두
빵이 다섯 개 있지? 너 호두 빵 먹고 싶니? 하나 먹어라. 하나 더
먹고 싶니? 먹어라. 자, 그럼 두 개 먹었다. 접시에 몇 개가 남았
지?" 철이는 가만 생각하더니 "두 개요"라고 답했습니다. 엄마는
속이 터졌습니다. "아니, 다섯 개에서 두 개를 먹었는데 어떻게 두

개가 남니?" 철이의 답이 재미있습니다. "엄마가 밥 먹을 때마다 말씀하셨잖아요. '철이야, 많이 먹어라. 먹는 게 남는 거다.' 그러니까 두 개 남았죠."

계산적으로는 틀렸지만 의미상으로는 일리가 있습니다. 음식은 먹어야 의미가 있습니다. 눈앞에 진수성찬이 있어도 먹지 않으면 굶어 죽을 수 있습니다.

인간은 피조물이기 때문에 먹지 않고는 살 수 없습니다. 하나님은 스스로 계시는 자존자, 창조주이시기 때문에 음식을 드시지 않아도 됩니다. 그러나 우리는 하나님으로부터 생명을 부여받았고 하나님이 주신 양식으로 생명을 유지할 수 있는 제한된 존재라는 사실을 기억하고 음식을 먹어야 합니다.

하나님은 우리에게 생명만 주지 않으시고 그 생명을 유지할 수 있는 먹을거리도 주셨습니다. "하나님이 이르시되 내가 온 지면의 씨 맺는 모든 채소와 씨 가진 열매 맺는 모든 나무를 너희에게 주노니 너희의 먹을거리가 되리라"(창 1:29). 우리는 하나님이 주시는 먹을거리를 먹어야만 생명을 유지할 수 있습니다. 그렇다고 아무것이나 먹으면 됩니까? 독버섯은 잘못 먹으면 죽습니다. 그러니 우리는 하나님이 주시는 음식을 잘 먹어야 합니다.

그런데 아담과 하와는 하나님이 주지 않으신, 아니 하나님이 금하신 선악과를 먹음으로 죽게 되었습니다. 원래 하나님은 인간에게 영원한 생명을 주셨습니다. 하지만 그들이 하나님이 금하신 선악과를 먹음으로 생명을 잃고 죽게 된 것입니다. 그 죽음에 대한 해독제로 하나님이 예수님을 생명의 떡으로 이 땅에 보내셨습니다. 그러므로 우리는 예수님을 먹어야(믿어야) 영원한 생명을 얻을 수 있습니다. 예수님을 먹어야(믿어야) 육체의 생명을 넘어 부활의 생명을 받을 수 있습니다.

그런데 예수님을 먹으려면(믿으려면) 예수님을 바로 알아야 합니다. 버섯을 먹고 싶은 사람은 식용 버섯인지, 독버섯인지 분별할 수 있는 능력이 있어야 합니다. 마찬가지로 우리는 우리가 믿는 예수님이 진짜인지, 가짜인지 분별할 수 있는 능력을 갖추어야 합니다. 예수님은 말세가 되면 거짓 선지자가 많이 나타난다고 미리 경고하셨습니다. "그때에 사람이 너희에게 말하되 보라 그리스도가 여기 있다 혹은 저기 있다 하여도 믿지 말라 거짓 그리스도들과 거짓 선지자들이 일어나 큰 표적과 기사를 보여 할 수만 있으면 택하신 자들도 미혹하리라 보라 내가 너희에게 미리 말하였노라"(마 24:23-25).

실제로 이 세상에 스스로 그리스도라 하는 사람이 1,500명쯤 됩니다. 그중에 한국인만 약 70명이나 있습니다. 그러니 어느 예수가 진짜인지 분별하지 못하면 잘못 믿게 됩니다. 지금도 수백만 명이 이단에 빠져 있습니다. 집계된 한국 기독교인 숫자에서

100-200만 명은 사실 이단에 속한 사람들입니다. 가짜 예수를 믿는 것입니다.

그러므로 예수님을 바로 믿으려면 먼저 예수님이 누구신지를 바로 알아야 합니다. 진짜 예수님을 믿어야 소망하는 천국에 갈수 있기 때문입니다. 그래서 제2장에서는 예수님이 어떤 분이신가를 집중적으로 나누고자 합니다.

예수님을 정확하게 알기 위해서는 예수님이 자기 스스로를 어떻게 말씀하셨는가, 즉 예수님의 자기 계시를 철저하게 공부할 필요가 있습니다. 특별히 요한복음에는 예수님이 스스로를 가리켜서 말씀하신 '에고 에이미'(ego eimi, 나는 나다)라고 표현된 자기 계시가 모두 7가지 나옵니다. 이제 하나씩 살펴보겠습니다.

'에고 에이미'는 헬라어로 '나는 나다'라는 뜻으로서, 하나님의 고유한 화법입니다. 구약 시대 모세는 자신을 출애굽의 영도자로 세우신 하나님께 "내가 이스라엘 자손에게 가서 이르기를 너희의 조상의 하나님이 나를 너희에게 보내셨다 하면 그들이 내게 묻기를 그의 이름이 무엇이냐 하리니 내가 무엇이라고 그들에게 말하리이까"(출 3:13)라고 여쭈었습니다. 그러자 하나님은 이렇게 답하셨습니다. "나는 스스로 있는 자[여호와]이니라 … 너는 이스라엘 자손에게 이같이 이르기를 스스로 있는 자가 나를 너희에게 보내셨다 하라"(출 3:14). 개역개정 성경에는 '나는 스스로 있는 자다'라

고 번역되어 있으나 히브리어 원문의 뜻은 '나는 나다'(에고 에이미)
입니다. 그러므로 요한복음에서 예수님이 '나는 나다'라고 표현하
신 것은 예수님이 곧 하나님이시라는 증거입니다.

예수님은 나를 살리는
생명의 떡이십니다

본문인 예수님이 오병이어로 성인 남자만 5,000명을 먹이신 기적
은 사복음서에 모두 기록되어 있습니다. 그만큼 중요한 기적이기
때문입니다. 보통 기적은 몇 사람만 경험하곤 했으나 오병이어의
기적은 여자와 아이까지 합치면 약 2만 명이 떡과 물고기를 직접
자기 입으로 먹으며 체험했습니다. 마태, 마가, 누가는 '이 기적이
얼마나 굉장한 기적인가?'와 '배고픈 무리를 불쌍히 여기신 예수
님의 마음'에 강조점을 두었고, 요한은 '이 기적의 의미가 무엇인
가?'를 밝혔습니다. 그렇다면 예수님이 보여 주신 오병이어 기적
의 의미는 무엇일까요?

예수님이 길에서 떡과 물고기를 먹이실 때 많은 사람이 '이분
이 바로 메시아시구나' 하며 깜짝 놀랐습니다. 그러나 여기서 더
이상 발전하지 못했습니다. 사람들은 자고 일어나자 또 배가 고
팠고, 예수님이 생각났습니다. 떡을 주실 분이기 때문입니다. 그

래서 예수님을 찾았으나 예수님은 계시지 않았습니다.

사람들은 곧 배를 타고 예수님을 찾으러 갈릴리 바다 건너편에 도착했습니다. 그곳에서 예수님을 만난 사람들은 "랍비여 언제 여기 오셨나이까"(요 6:25)라고 여쭈었습니다. 그때 예수님이 이렇게 말씀하셨습니다. "내가 진실로 진실로 너희에게 이르노니 너희가 나를 찾는 것은 표적을 본 까닭이 아니요 떡을 먹고 배부른 까닭이로다 썩을 양식을 위하여 일하지 말고 영생하도록 있는 양식을 위하여 하라 이 양식은 인자가 너희에게 주리니 인자는 아버지 하나님께서 인 치신 자니라"(요 6:26-27).

예수님은 사람들이 육신의 양식에만 관심을 갖고 영원한 양식에는 무관심한 것에 대해 너무나 안타깝게 생각하셨습니다. 그리고 실제로 이 기적의 떡을 먹은 대다수의 사람들은 예수님을 떠났고, 극소수의 제자들만 예수님을 끝까지 따랐습니다. 생명의 떡이신 예수님을 눈앞에 두고도 육신의 떡만 먹고 돌아선 것입니다. 얼마나 안타깝습니까.

똑같은 안타까움과 어리석음이 우리의 삶 속에서도 일어날 수 있습니다. 교회를 열심히 다니는데, 관심이 온통 땅에만 있습니다. 육의 음식에만 신경을 쓸 뿐 영원한 생명에는 전혀 관심이 없습니다. 물론 우리는 해야 할 일도 많고, 관심을 가져야 할 일도 너무 많습니다. 하지만 이제는 다른 어떤 일보다 예수님을 바로 믿는 일, 바로 여기에 힘써야 합니다.

썩지 않는 양식을 위해 일해야 한다면 그 양식이 무엇입니까? 예수님은 "하나님께서 보내신 이를 믿는 것이 하나님의 일이니라"(요 6:29)라고 말씀하셨습니다. 예수님을 바로 믿는 것이 중요합니다. 예수님을 바로 믿으려면 예수님을 바로 알아야 합니다. 예수님을 바로 아는 것이 영원한 생명을 소유하느냐를 결정짓는 중요한 변수가 된다는 의미입니다. 예수님은 "영생은 곧 유일하신 참 하나님과 그가 보내신 자 예수 그리스도를 아는 것이니이다"(요 17:3)라고 말씀하셨는데, 이는 예수님을 아는 것이 곧 영생이라는 의미입니다.

그렇다면 예수님을 바로 믿기 위해서는 어떻게 해야 할까요?

생명의 떡이신 예수님을 먹어(믿어) 주님과 하나 되어야 합니다

첫째, 예수님을 나의 생명의 떡으로 받아들여야 합니다. "예수께서 이르시되 나는 생명의 떡이니 내게 오는 자는 결코 주리지 아니할 터이요 나를 믿는 자는 영원히 목마르지 아니하리라"(요 6:35).

예수님이 생명의 떡이시라고 생각만 하고 예수님께로 오지 않는 사람은 예수님과 상관없는 사람입니다. "예수님이 나의 생명이십니다. 예수님이 나의 떡이십니다"라고 믿고 고백하는 사람이 구원받는 사람입니다.

특별히 요한복음은 오병이어의 기적이 유월절 가까운 때에 일어났다고 말합니다(요 6:4). 이 기적을 유월절과 연관시켜서 설명하는 것입니다. 유월절이 어떤 절기입니까? 하나님은 애굽에 장자를 죽이는 열 번째 재앙을 내리셨을 때 이스라엘 백성에게 "어린양을 잡고 그 피를 좌우 문설주와 인방에 발라라. 그리고 밤에 그 고기를 불에 구워 먹으라"라고 말씀하셨습니다. 그날 밤 여호와께서 보내신 죽음의 천사가 양의 피를 바른 집은 그 문을 넘어갔고(Passover, 유월) 이스라엘 백성의 장자는 보존되었습니다. 그래서 '유월절'이라고 이름 붙인 것입니다.

이스라엘 백성의 생명을 보전하기 위해서 양이 죽었습니다. 죽어야 그 피를 바를 수 있지 않습니까. 죽어야 그 고기를 먹을 수 있지 않습니까. 바로 예수님이 그 유월절 양이시라는 의미입니다. 예수님의 죽음으로 우리가 살게 된 것입니다. 그러므로 '예수님의 죽음은 곧 나를 위한 죽음이요, 나를 대신한 죽음이다. 예수님의 십자가는 나를 대신한 십자가다'라고 믿는 사람이 바로 예수님을 생명의 떡으로 취하는 사람입니다. 하나님은 예수님을 나의 생명의 떡으로 인정하고 그 예수님을 먹는(믿는) 사람에게는 영원한 생명을 주겠다고 약속하셨습니다.

생명의 떡을 먹었습니까? 떡을 입에 넣어 씹어 삼키면 소화가되어 내 몸이 됩니다. 떡과 내가 하나가 되는 것입니다. 마찬가지로 우리가 예수님을 먹어서(믿어서) 구원받았다는 것은 예수님과 내가 하나 되었다는 의미입니다. 예수님의 십자가와 연합한 것입니다. 나의 정욕과 욕심이 십자가에 못 박혀 예수님과 함께 죽고, 부활하신 예수님과 연합해 부활하신 예수님의 생명으로 사는 것이 바로 그리스도인의 삶입니다.

그러므로 우리가 가진 생명은 아담으로부터 물려받은 육신의 생명이 아닙니다. 부활하신 예수님께로부터 받은 부활의 생명, 예수의 생명입니다. 이 생명을 가진 사람이 바로 예수님을 아는 (히. 야다) 사람입니다.

'알다'의 히브리어 '야다'에는 일반적으로 안다는 의미보다 좀 더 깊은 뜻이 담겨 있습니다. 친밀하고, 개인적이고, 인격 대 인격이 부딪쳐서 일어나는 앎을 의미합니다. '야다'는 본래 부부 간의 성적 관계를 점잖게 표현할 때 쓰는 단어입니다. 창세기 4장 1절은 "아담이 그의 아내 하와와 동침하매 하와가 임신하여 가인을 낳고"라고 기록하고 있는데, '동침하매'의 해당 관주를 보면 '알게 되매'라고 적혀 있습니다. 그러므로 '예수님을 아는 것'이라는 말은 예수님과 부부가 되는 것을 의미합니다. 마치 신혼부부가 배우자의 전부를 나의 전부로 받아들여 둘이 하나가 되듯이, 예수님의 전부를 나의 전부로 맞아들여 예수님과 내가 하나가 되는 것입니다.

예수님을 '야다'했습니까? 그렇다면 우리는 예수님의 생명을 가진 자들입니다. 이제는 이 생명을 점점 성장시키고 강하게 만들 의무가 우리에게 있습니다.

날마다 예수님을 먹으면(교제하면) 예수님처럼 살게 됩니다

"나는 생명의 떡이다"라는 예수님의 말씀은 예수님이 나의 생명의 떡이시라는 의미와 함께, 예수님이 나의 생명을 유지시켜 주는 떡이시라는 뜻을 담고 있습니다. 그러므로 예수님을 바로 믿기 위해서는 둘째로, 생명의 떡이신 예수님을 계속해서 먹어야(교제해야) 합니다. "썩을 양식을 위하여 일하지 말고 영생하도록 있는 양식을 위하여 하라 이 양식은 인자가 너희에게 주리니 인자는 아버지 하나님께서 인 치신 자니라"(요 6:27).

사랑하는 남녀가 결혼식을 했다고 사랑이 완성됩니까? 결혼식은 사랑의 출발점일 뿐입니다. 부부가 되었으면 서로 끊임없이 대화하고 교제하면서 점점 상대방을 알아 가고 사랑을 키워 나가야 합니다. 마찬가지로 예수님의 생명을 가졌으면 끊임없이 예수님을 먹어야(교제해야) 합니다. 이 일은 성경을 읽음으로 가능합니다. 예수님은 말씀이십니다. 말씀이 기록된 것이 성경입니다. 그래서 성경을 읽을 때 예수님을 만날 수 있습니다. 성경에 기록된 하나님의 말씀을 하나님이 나에게 주시는 말씀으로 받아들일 때 예수님을 먹는(교제하는) 것과 같은 효과를 누릴 수 있습니다.

"내 살을 먹고 내 피를 마시는 자는 영생을 가졌고 마지막 날에 내가 그를 다시 살리리니 내 살은 참된 양식이요 내 피는 참된 음료로다 내 살을 먹고 내 피를 마시는 자는 내 안에 거하고 나도 그의 안에 거하나니 살아 계신 아버지께서 나를 보내시매 내가 아버지로 말미암아 사는 것같이 나를 먹는 그 사람도 나로 말미암아 살리라"(요 6:54-57). 내 수단, 내 방법으로 말미암아 사는 사람은 예수님의 생명을 소유한 사람이 아닙니다. 예수님의 살을 먹고, 예수님의 피를 마시면 예전에 없던 거룩한 소원이 생깁니다. 사랑하고 싶은 마음이 듭니다. 하나님의 일을 할 수 있는 힘이 생깁니다.

요즘 어떻습니까? 휘파람이 나오고, 콧노래를 부르고, 힘이 솟습니까? 그렇지 않다면 이유가 무엇일까요? 우리의 생명을 유지시켜 주는 생명의 떡이신 예수님을 먹지(교제하지) 않기 때문입니다. TV나 잡지, 인터넷은 보면서 성경은 전혀 읽지 않으면 예수님을 먹을(교제할) 수가 없습니다. 성경을 읽으면서 십자가를 생각하고, 부활의 능력을 묵상하고, 주님의 크신 사랑과 천국의 영광을 떠올리면 기쁨과 소망이 생깁니다. 그리고 예수님이 사랑하시는 모든 사람을 사랑할 수 있는 능력이 우리 속에서 용솟음치는 것을 느끼게 됩니다.

예수님의 살을 먹고, 예수님의 피를 마시면 우리가 예수님의 몸이 됩니다. 그래서 우리 또한 예수님의 살과 예수님의 피처럼 다른 사람을 살리는 삶을 살게 됩니다. 작은 예수로 살게 되는 능력이 우리 속에 생기는 것입니다. "너희는 그리스도의 몸이요 지체의 각 부분이라"(고전 12:27). "내가 그리스도와 함께 십자가에 못 박혔나니 그런즉 이제는 내가 사는 것이 아니요 오직 내 안에 그리스도께서 사시는 것이라 이제 내가 육체 가운데 사는 것은 나를 사랑하사 나를 위하여 자기 자신을 버리신 하나님의 아들을 믿는 믿음 안에서 사는 것이라"(갈 2:20).

이러한 삶이 정말 가능할까요? 그 삶을 살아간 한 사람을 소개하겠습니다. 《그 청년 바보의사》(아름다운사람들, 2009)의 주인공 의사 안수현 씨입니다. 그는 1972년생으로서, 33세에 세상을 떠났습니다. 안수현 씨는 성공한 의사도 아니고 유명한 의사도 아니었습니다. 그러나 그의 장례식에 4,000명이 넘는 사람들이 몰려왔습니다. 이 책은 많은 사람이 그에게 사랑을 입었다고 고백하며 그를 그리워해 그의 유고를 모아서 펴낸 책입니다.

안수현 씨는 24시간 예수님을 묵상하면서 '어떻게 하면 예수님처럼 살 수 있을까?'를 늘 생각했습니다. 그는 의사로서 환자의 육신의 병만 고치는 의사가 되고 싶지 않았고, 영혼의 질병까지 치료하고 싶었습니다. 그래서 환자들에게 주님의 복음을 증거하고, 신앙 서적과 설교 CD를 선물했습니다. 어린 환자가 있으면 한밤중에 병상을 찾아가 위로하고 기도해 주었습니다. 혹 환자가 사망하면 영안실을 찾아가 유가족을 위로하고, 마치 자기 가족의 일처럼 안타까워하면서 함께 눈물을 흘렸습니다. 가난한 사람이 있으면 월급을 털어서 치료비를 대신 내주었고, 피가 모자라면 헌혈했습니다. 그리고 군의관이 되었을 때는 대위지만 사병들과 함께 살면서 동고동락했습니다. 그러다가 유행성출혈병에 걸려 예수님과 같이 향년 33세에 세상을 떠났습니다.

그런데 안수현 씨의 글을 읽어 보면 예수님처럼 산다는 것이 그리 힘들지 않다는 것을 알게 됩니다. 그는 예수님을 너무 사랑하기 때문에 예수님이 사랑하시는 사람을 사랑하는 일이 너무 쉬웠습니다. 그는 예수님을 너무 사랑하기 때문에 예수님을 기쁘시게 하는 삶이 기뻤습니다. 그는 자기가 먹는 것보다 가난한 사람들을 돕는 것이 더 기뻤기에 기쁨으로 섬길 수 있었습니다.

예수님을 먹으면(믿으면, 교제하면) 예수님의 삶을 자연스럽게 살수 있습니다. 지금 예수님이 우리 한 사람, 한 사람에게 말씀하십니다. "나는 너를 위한 생명의 떡이다. 나를 먹어라(믿어라). 그래서내가 주는 영원한 생명을 취하라. 그리고 날마다 나를 먹어라(교제하라). 내가 주는 힘을 얻고, 내가 주는 사랑을 받고, 내가 주는 소원으로 살아라. 그래야 나와 하나 되어 천하보다 귀한 사람들을 사랑하고 세워 가고 섬기며 살 수 있다. 부활의 날에 나의 보좌에 나와 함께 앉아 영광의 삶을 살자." 이 초청에 기꺼이 응해 예수님을 먹고(믿고, 교제하고) 예수님의 삶을 살아갑시다.

사방이 깜깜해도
우리 영혼은 어둡지 않습니다

요한복음 8:12, 9:1-12, 35-41

주님은 밝고 따스한 빛,
생명을 주는 빛이십니다

예수님의 자기 선언, '에고 에이미'로 시작하는 선언은 하나님의 자기 표현 양식입니다. "나는 세상의 빛이다"라는 예수님의 말씀은 예수님이 하나님이시라는 의미요, 동시에 '나는 너의 빛이다' 라는 뜻입니다. 예수님이 나의 빛이십니까? 내 속에 예수님의 빛이 있습니까?

빛은 밝고, 따스하고, 생명을 줍니다. 먼저, 빛은 밝습니다. 빛이 비칠 때 실체가 드러납니다. 예수님의 밝은 빛을 받게 되면 나 자신의 실체를 보게 됩니다. 꽤 괜찮은 사람인 줄 알았는데 실은 형편없는 죄인이었음을 알게 됩니다. 그리고 빛이 비치면 전체를 보게 됩니다. 내가 어디에서 와서 어디로 가는지 전모를 밝히 알게 됩니다. 그런 까닭에 예수님을 믿는 사람은 길을 잃지 않고 천국을 향해 직진하는 삶을 살 수 있습니다.

그리고 빛은 따스합니다. 요즘은 난방을 위해서 굳이 햇빛의 도움을 받을 필요가 없지만 제가 어릴 때만 하더라도 난방이 시원치 않았습니다. 추운 겨울날 친구와 함께 담벼락 밑에 쭈그려 앉아서 따스한 햇빛을 쬐었던 기억이 납니다. 빛이신 주님은 따스한 햇빛처럼 우리에게 따스함을 주십니다. 살 힘을 주십니다. 예수님은 개인적으로 친근히 다가와 우리를 위로하고 일으켜 세워 주시는 분입니다.

또한 빛은 생명을 줍니다. 시들어 가는 식물을 빛에 내어 놓으면 싱싱하게 살아납니다. 물고기도, 짐승도, 사람도 빛을 받아야 삽니다. 빛을 보지 못하면 생명을 유지할 수 없습니다. 이처럼 빛이신 주님은 우리에게 생명을 주십니다.

우리는 빛을 만들어 낼 수 없습니다. 우리는 빛을 찾아갈 능력도 없습니다. 그러나 빛을 만들 필요도 없고, 빛을 찾아갈 필요도 없습니다. 왜냐하면 빛 되신 주님이 이 땅에 오셨기 때문입니다. 하나님이 하늘 보좌를 버리고 세상의 빛이 되어 이 땅에 오셨습니다. 그러므로 우리가 해야 하는 일은 그 빛을 받아들이는 것이요, 그 빛을 믿는 것이요, 그 빛을 따라가는 것입니다.

빛 되신 주님,
내 안에 오소서

밝고, 따스하고, 생명을 주는 빛 되신 예수님을 믿지 않으면, 빛 되신 예수님을 따르지 않으면 어떻게 될까요? 그의 결론은 망하는 것입니다. 빛을 떠나면 어둠에 거할 수밖에 없습니다. 그러면 어떻게 해야 빛 되신 예수님을 받아들일 수 있을까요?

빛 되신 예수님 없이는 하루도 못 삽니다

빛 되신 예수님을 받아들이려면 첫째, 우리가 빛이 필요한 존재라는 사실을 깨달아야 합니다. 이를 위해서는 '나는 어둠 속에 있다. 나는 죽음 속에 있다'는 자각이 분명해야 합니다. "예수께서 이르시되 내가 심판하러 이 세상에 왔으니 보지 못하는 자들은 보게 하고 보는 자들은 맹인이 되게 하려 함이라 하시니 바리새인 중에 예수와 함께 있던 자들이 이 말씀을 듣고 이르되 우리도 맹인인가 예수께서 이르시되 너희가 맹인이 되었더라면 죄가 없으려니와 본다고 하니 너희 죄가 그대로 있느니라"(요 9:39-41).

예수님은 이 말씀을 하시기에 앞서 요한복음 9장 1-12절에서 날 때부터 맹인 된 사람을 고쳐 주셨습니다. 그리고 35절에서 그 사람을 다시 만나 이야기를 나누셨습니다. 당시 바리새인들 중에도 예수님과 함께 있던 자들이 있었습니다. 그러나 그들은 예수님으로부터 아무런 도움도 받지 못했습니다. 그들은 예수님을 필요로 하지 않았기 때문입니다. 누가복음 말씀이 그대로 적용되었습니다. 자신이 죄인임을, 병자임을 인식해야만 예수님께 도움을 구할 수 있습니다. "예수께서 대답하여 이르시되 건강한 자에게는 의사가 쓸데없고 병든 자에게라야 쓸데 있나니 내가 의인을 부르러 온 것이 아니요 죄인을 불러 회개시키러 왔노라"(눅 5:31-32).

무엇이 겸손이고, 무엇이 교만일까요? 겸손과 교만을 이렇게 정의할 수 있습니다. "겸손은 자신의 실체를 정확히 파악하는 것이고, 교만은 자신의 실체를 정확하게 파악하지 못하는 것이다." 자신을 과대평가하는 것이 바로 교만입니다. 죄인이 스스로 죄인인 줄 알면 겸손입니다. 그러나 죄인이 의인인 줄 착각하면 교만입니다.

왜 그 많은 서기관과 바리새인이 예수님과 수많은 시간을 보내고 예수님의 수많은 설교를 듣고도 구원받지 못했습니까? 교만했기 때문입니다. 그러므로 가장 악한 죄, 가장 나쁜 죄, 가장 피해야 하는 죄가 교만입니다.

토마스 아퀴나스(Thomas Aquinas)는 "교만은 모든 죄의 어머니"

라고 말했습니다. 모든 죄가 교만에서 비롯됩니다. 또한 C. S. 루이스는 "교만은 영적인 암"이라고 말했습니다. 대부분의 암은 말기가 되기 전까지 자각하지 못합니다. 병들었음을 깨닫지 못하는 것입니다. 교만은 자신이 교만한 줄을 깨닫지 못하는 것입니다. 그러므로 "나는 겸손하다"고 말하는 사람이 사실은 교만한 사람입니다.

잠언 16장 18절은 "교만은 패망의 선봉이요"라고 말합니다. 우리는 어떤 대가를 지불해서라도 교만만큼은 피해야 합니다. 그래서 주님이 우리에게 은혜를 베풀어 주시는데, 그 은혜는 바로 겸손하게 하는 은혜입니다. 우리를 낮추어서 예수님을 믿을 수 있도록, 예수님의 도움을 구할 수밖에 없도록 만들어 주시는 은혜야말로 놀라운 은혜입니다.

성지 순례를 가면 예수님이 탄생하신 베들레헴 지역에 예수탄생교회가 있습니다. 높이가 50m가 넘는 예배당이지만, 출입구가 매우 작습니다. 사람이 선 채로 들어갈 수 없을 만큼 아주 좁고 낮습니다. 고개를 숙이고 들어가야만 예수님이 탄생하신 장소를 볼 수 있습니다. 교만한 사람은 예수님을 만날 수조차 없습니다. 그래서 하나님은 우리에게 복을 주실 때 먼저 겸손하게 만드시는 것입니다.

하나님의 낮춰 주심으로 예수님을 만난 한 사람을 소개하겠습니다. 본문의 주인공과 같은 맹인인 안요한 목사님입니다. 그분은 지금도 전 세계를 무대로 활발하게 활동하고 있습니다. 이청준 씨가 안요한 목사님의 구술을 토대로 쓴 소설《낮은 데로 임하소서》(문학과지성사, 2013)는 베스트셀러가 되었고, 이후 이장호 감독의 제안으로 영화로 제작되었습니다. 영화 "낮은 데로 임하소서"는 대종상을 수상했습니다.

안요한 목사님은 목사의 아들로 태어났습니다. 그분의 아버지는 부잣집 아들로서 방탕한 삶을 살다가 아들을 낳는 시점에 예수님을 인격적으로 만나 예수님께 완전히 빠졌습니다. 그래서 아들의 이름을, 꼭 목사가 되었으면 좋겠다는 소원을 품고 항렬을 따지지 않고 안요한이라고 지었습니다. 그러고는 그 많은 재산을 평양신학교에 다 헌납한 후 그 자신은 평양신학교 학생이 되었습니다. 집안은 당연히 가난해졌습니다. 아들 셋에 딸 다섯을 낳았으니, 식구가 모두 10명이었습니다. 교회를 개척한 후 교인 수가 어느 정도 늘면 다시 개척하기를 여러 차례 하면서 찢어지게 가난하게 살았습니다.

어린 안요한은 그런 삶이 너무 싫었습니다. 예수님 때문에 가난하게 산다고 생각하니 예수님이 미웠습니다. 그리고 무능하고 무책임한 아버지가 싫었습니다. 그래서 고등학생 때 아버지에게 유치한 방법으로 반항을 했습니다. 주일날 교인들이 교회에 오고 있는데 대자보를 써서 예배당 앞에 붙인 것입니다. "하나님은 계시지 않느니라. 안요한복음 1장 1절." 교인들이 발칵 뒤집혔습니다. 그는 얼굴을 못 드는 아버지의 모습을 보면서 고소해했습니다. 그다음에 또 써 붙였습니다. "주 예수를 믿으라? 네 애미, 할애비를 믿으라. 안요한복음 1장 2절." 아들은 그렇게 아버지 속을 썩였지만 아버지, 어머니는 아들을 위해서 기도만 했습니다.

그러면서도 어린 안요한은 학교생활은 곧잘 해 모범생이었습니다. 그것만이 아버지에게 반항할 수 있는 힘이라 생각해서 열심히 공부해 외국어대학교 불어불문과에 입학했습니다. 카투사에 들어갔는데 영어를 잘해서 미국으로 유학 갈 수 있는 길도 열렸습니다. 아름다운 여인과 결혼해서 두 딸을 낳았습니다.

출세 길이 환히 열린 그 시점에 하나님이 역사하셨습니다. 37세에 실명을 하게 된 것입니다. 모든 꿈이 산산조각이 나 버렸습니다. 눈을 뜨기 위해 갖은 방법을 써 보았지만 실패했습니다.

이제 시력을 다시 회복할 가능성이 없다고 생각했을 때 아내와 두 딸이 떠났습니다. 그렇지만 붙잡을 수 없었습니다. 이후 모든 사람을 다 떠나보내고 살 이유를 발견할 수 없어서 자살을 시도했습니다. 넥타이로 목을 맸는데 걸어 놓은 못이 빠지는 바람에 실패했습니다. 다음에는 절대 실패하지 않는 방법을 택해 면도날로 목을 긋기로 작정했습니다. 그런데 망설이다가 너무 먹지 못한 탓에 깜박 정신을 잃었습니다.

새벽녘에 갑자기 주위가 환해지면서 하늘에서 우렁찬 목소리가 들렸습니다. "요한아, 요한아, 이제 그만 일어나거라." 깜짝 놀랐습니다. '이게 무슨 일인가? 꿈인가, 생시인가?' 하는데 다시 하늘에서 음성이 들려왔습니다. "내가 너를 떠나지 않았는데, 너는 어찌 혼자라 하느냐? 내가 너를 떠나지 않겠다. 내가 너를 버리지 않겠다." "당신은 누구십니까?"라고 묻자 "나는 여호와 너의 하나님이니라. 내가 너를 떠나지 않았다는 증거로 구약성경 320면을 너에게 주노라"라는 음성이 들렸습니다. "네? 어디라고요?" 하고 다시 질문했고, "구약성경 320면이니라"라는 음성이 들린 후 빛이 사라지고 다시 고요해졌습니다.

신비한 체험이었습니다. 도무지 꿈인지, 생시인지 분간되지 않았습니다. 허겁지겁 성경을 찾아 들고 길가로 나가서 도움을 요청했습니다. 한 고등학생이 다가왔습니다. "성경에서 구약성경 320면을 찾아서 좀 읽어 주시오"라는 부탁에 학생이 성경을 펴서 읽어 주었습니다.

구약성경 320면은 여호수아 1장입니다. 학생이 여호수아 1장 1절부터 쭉 읽어 나가는데 5절을 읽을 때 가슴에 탁 와 닿았습니다. 신비한 체험 때 들었던 말씀이 바로 거기에 있었습니다. "너와 함께 있을 것임이니라 내가 너를 떠나지 아니하며 버리지 아니하리니"(수 1:5). 그날 그분은 새로운 사람으로 바뀌었습니다. 시력을 상실하는 낮아짐을 통해서 예수님을 만난 것입니다.

우리의 교만을 깨뜨려 우리를 낮추어서 예수님을 만나게 해 주신 하나님을 찬양합시다. 그리고 나를 낳아 주신 은혜를 기억하며 늘 겸손하게 "저는 예수님 없이는 하루도 살 수 없습니다"라고 고백하는 복된 믿음의 사람이 되기를 바랍니다.

예수님을 믿는 것 = 예수님을 따르는 것

주님이 주시는 생명의 빛을 받아들이기 위해서는 둘째, 예수님을 따라야 합니다. "내가 세상에 있는 동안에는 세상의 빛이로라 이 말씀을 하시고 땅에 침을 뱉어 진흙을 이겨 그의 눈에 바르시고 이르시되 실로암 못에 가서 씻으라 하시니 (실로암은 번역하면 보냄을 받았다는 뜻이라) 이에 가서 씻고 밝은 눈으로 왔더라"(요 9:5-7).

보는 것이 얼마나 중요합니까? 옛말에 "몸이 1,000냥이라면, 눈은 900냥"이라는 말이 있을 만큼 눈은 매우 소중합니다. 그런데 맹인은 날 때부터 앞을 보지 못했으니 얼마나 힘들고 답답했겠습니까. 주님은 그를 불쌍히 여기시고는 땅에 침을 뱉어 진흙을 이겨 그의 눈에 발라 주셨습니다. 아마 맹인은 예수님의 따스한 손길을 느꼈을 것입니다. 그에게 예수님은 "실로암 못에 가서 씻으라"라고 말씀하셨습니다. 맹인은 예수님의 말씀에 순종했습니다. 앞이 보이지 않았기에 실로암 못까지 가는 길이 결코 쉽지는 않았을 것입니다. 하지만 말씀대로 실로암 못에 가서 씻자 눈이 밝아졌습니다.

이후 그는 자신의 눈을 고쳐 주신 예수님을 만나고 영접했으며, 예수님을 반대하는 많은 사람에게 예수님을 당당하게 증거하는 삶을 살았습니다. 만약 "실로암 못에 가서 씻으라"라는 예수님의 말씀에 순종하지 않았다면 그는 평생 어둠 속에 있었을 것입니다. 기억하십시오. 예수님을 믿는다는 것은 예수님을 따른다는 말입니다. 예수님을 믿는다는 것은 예수님의 말씀에 순종한다는 것입니다.

그런데 예수님은 믿는데 예수님을 따라가지 않는 사람이 있다면, 예수님은 믿는데 예수님의 말씀에 순종하지 않는 사람이 있다면 그는 예수님을 믿는 것이 맞습니까? 나는 정말 예수님의 말씀에 순종하고 있는지, 나는 정말 예수님을 따르는 사람인지 스스로를 살펴볼 수 있기를 바랍니다. 예수님을 따르면 예수님이 우리를 구원의 길로 인도해 주십니다. "사람이 내 말을 듣고 지키지 아니할지라도 내가 그를 심판하지 아니하노라 내가 온 것은 세상을 심판하려 함이 아니요 세상을 구원하려 함이로라 나를 저버리고 내 말을 받지 아니하는 자를 심판할 이가 있으니 곧 내가 한 그 말이 마지막 날에 그를 심판하리라"(요 12:47-48).

예수님을 믿으면 심판받지 않고 천국 갑니다. 구원받습니다. 예수님이 구원해 주시기 때문입니다. 가장 좋은 것이 무엇입니까? 구원입니다. 가장 좋은 곳이 어디입니까? 천국입니다. 그러나 '예수님을 믿으면 죽어서 천국 간다'는 것이 축복의 전부가 아닙니다. 더 풍성한 삶이 우리에게 약속되어 있습니다. "도둑이 오는 것은 도둑질하고 죽이고 멸망시키려는 것뿐이요 내가 온 것은 양으로 생명을 얻게 하고 더 풍성히 얻게 하려는 것이라"(요 10:10).

풍성한 삶이란 죽어서 천국 가는 것만 아니라 이 땅에서도 풍요롭고 기뻐하고 만족하며 살 수 있다는 뜻입니다. 그 이유가 무엇입니까? 천국을 주신 주님이 주시는 것이라면 좋은 것일 수밖에 없기 때문입니다. 나를 지옥에서 건져 천국으로 인도하신 주님이 이끄시는 곳이라면 좋은 곳일 수밖에 없습니다. 그러므로 십자가의 프리즘으로 바라보면 모든 것이 감사하고, 모든 상황에서 기뻐할 수밖에 없습니다.

안요한 목사님의 이야기를 계속하겠습니다. 예수님을 만난 그분은 미국에 편지를 보내 헬렌켈러장학금을 받아 신학대학교에 들어가게 되었습니다. 앞이 보이지 않는 사람이 신학교에서 공부하기란 결코 쉽지 않았습니다. 그러나 이제는 주님을 따라가는 것입니다. 이제는 순종하여 가는 길입니다. 주님의 뜻을 따라가는 목사의 길로 들어섰으니 공부는 너무 힘들었지만 마음만은 한없이 기뻤습니다. 그리고 친구들의 도움으로 열심히 공부해서 4년 과정을 거의 다 마쳤습니다.

그때 인천 시립 결핵 요양원에 꽃으로 만든 꽃시계 동산이 있다는 이야기를 들었습니다. 그 말을 들으니 너무 보고 싶어져서 친한 친구에게 간청해 구경하러 갔습니다. 그곳은 소문보다 더 아름다웠습니다. 안요한 목사님은 숨을 들이키면서 맑은 공기를 통해 하늘을 보았습니다. 아름다운 꽃향기를 맡으면서 꽃의 색깔을 보았습니다. 따스한 햇볕을 받으며 주변 환경이 어떠한지를 다 느낀 것입니다. 하나님의 사랑이 듬뿍 내려졌습니다. 너무 아름답고, 너무 황홀해 "하나님, 감사합니다. 하나님, 감사합니다"라는 고백이 연신 터져 나왔습니다.

시간 가는 줄 모르고 정신없이 꽃향기에 취해 있을 때 같이 온 친구가 가자고 했습니다. 주변에 누가 그를 보자고 한다는 것입니다. 그래서 가 봤더니 벤치에 한 사람이 앉아 있었습니다. 요양원에 머무는 결핵 3기 환자라고 했습니다. 그는 안요한 목사님을 한참 바라보더니 질문했습니다. "선생, 산다는 것이 그렇게 좋소?" 안요한 목사님이 대답할 말을 찾지 못하고 '이게 무슨 뜻일까?' 하며 웃고 있는데 그가 계속 말했습니다. "나는 삶이 너무 지겨워서 생명을 끝낼까 생각하고 있는데, 당신은 앞을 못 보면서도 어떻게 이처럼 행복하게 살 수 있소?" 안요한 목사님은 달리 대답할 필요를 못 느껴 빙그레 미소만 지었습니다. 그러고는 헤어졌습니다. 헤어지면서 그가 "보아 하니 학생 같은데, 주소하고 이름 좀 가르쳐 주시오" 하기에 적어 주었습니다. 한 달 후 편지를 받았습니다. 그 편지의 일부를 소개하겠습니다.

"그날 내가 안 선생을 만난 건 나의 큰 행운이었습니다. 왜냐하면 그날 내 생명의 은인을 만나고 있었던 셈이니까요. 알고 보면 그날은 바로 나의 재생의 날이었습니다. 나는 그날까지 내 육신과 영혼까지 단념해 버리고 있었습니다. 차도가 없는 투병 기간이 어지간했어야죠. 난 더 이상 투병 생활을 버텨 나갈 수가 없었습니다. 그럴 힘이나 의욕들이 다해 버린 지 오래였어요.

그런데 그날 안 선생을 만났어요. 그리고 그 눈부신 생명의 빛을 보았던 것입니다. '무엇이 저토록 저의 얼굴을 기쁨으로 충만하게 하고 있는가? 앞을 못 보는 저 사람에게도 생명이 저토록 즐겁고 소중한 것인데.' 나는 그날부터 다시 희망을 갖기 시작했습니다. 치료도 열심히 따르고, 친구들과의 사귐도 부지런히 했습니다. 그리고 이제 그 덕분으로 병세가 상당히 호전되어 가고 있는 기분입니다. 아마 언젠가는 결국 병을 이겨 낼 듯싶습니다. 아니, 기어코 이겨 내고 말 것입니다. 그리고 마지막으로 하나 묻습니다. 앞을 못 보면서 그렇게 행복해하는 비결이 무엇인지 나에게 가르쳐 주십시오."

안요한 목사님이 답장했습니다.

"예수 그리스도만이 나에게 생명의 빛을 비추어 주셨습니다. 육신의 눈은 보지 못하지만, 내 영혼은 하나도 어두운 것이 없습니다. 오직 예수님이 나에게 생명의 기쁨을 안겨 주셨고, 희열을 안겨 주셨고, 하늘을 보아도 감사하고 땅을 보아도 감사하고 모든 것이 감사할 것밖에 없는 사람으로 만들어 주셨습니다."

삶의 의욕을 잃고 생을 포기하려는 사람에게, 어둠 속에 있는 환자에게 안요한 목사님이 빛이 되어 준 것입니다.

달은 스스로 빛을 낼 수 없는 존재이지만, 햇빛을 받으면 세상을 환하게 밝히는 빛이 됩니다. 우리 모두는 보잘것없는 죄인에 불과하지만, 우리가 예수님의 빛을 받게 되면 우리 역시 예수님의 빛을 반사해 이 세상을 비추는 빛이 될 수 있습니다. 그러므로 "나는 세상의 빛이다"라고 말씀하신 주님이 예수님을 믿는 우리에게 말씀하십니다. "너희는 세상의 빛이다." 참으로 예수님의 빛을 받았다면 우리는 세상의 빛입니다. 우리를 통해서 많은 사람이 밝음과 따스함과 생명을 받아 누릴 수 있습니다.

그리스도인인 우리가 자신의 행복에만 매몰되지 않고, 자신의 행복만 추구하는 이기적인 삶을 포기하고 다른 사람의 삶에 관심을 가지고 따스하게 표현하고, 자신이 받은 생명의 빛을 다른 사람에게 나누어 줄 때 이 세상은 더욱 환하게 밝아질 것입니다.

◖◖● 많은 문 가운데
생명의 문은 하나입니다

요한복음 5:1-29, 10:1-10

왜
나입니까?

얼마 전에 잘 아는 선배 목사님의 글을 읽어 보았습니다. TV 다큐
멘터리를 보고 감동받아 쓴 글인데, 세계에서 제일 높은 곳에서
양을 치는 티베트의 '까르마'라는 목자의 삶을 취재한 이야기입
니다.

취재한 날은 몹시 추워서 카메라가 얼어붙어 작동하지 않을
정도였습니다. 취재진들이 텐트 속에서 부들부들 떨며 잠잘 채
비를 하고 있는데 갑자기 까르마 씨가 모포를 들고 텐트 밖으로

나가더니 양들 앞에 모포를 깔았습니다. 기자가 깜짝 놀라서 "아니, 텐트에서 주무시지 않고 여기에서 주무시게요?" 하고 묻자 그러겠다고 답했습니다. "날씨가 이렇게 추운데, 왜요?"라는 기자의 이어진 질문에 까르마 씨가 말했습니다. "맹수로부터 양을 보호하기 위해서입니다." 선배 목사님은 그 모습에 감동을 받았던 것입니다. 양을 사랑하는 까르마 씨에게서 선한 목자이신 예수님의 모습이 연상되었기 때문입니다.

양은 참 약하고 미련한 짐승입니다. 그러나 목자가 있어서 양은 행복합니다. 주님은 양인 우리의 선한 목자십니다. 그런데 요한복음 10장 7절에서 예수님은 "나는 양의 문이다"라고 말씀하셨습니다. '양의 문'이 무슨 의미일까요?

보통 마을 근처에서 양들에게 꼴을 먹이고 집으로 돌아오면 양들을 우리에 들여보냅니다. 그런데 풀을 찾아 멀리 가서 그날 돌아오지 못할 경우에는 산이나 들에서 야숙을 해야 합니다. 그때 사나운 이리나 도둑으로부터 양을 보호하기 위해서 임시로 우리를 만듭니다. 주로 돌로 담장을 둘러치고, 출입구에는 문을 따로 만들지 않고 목자가 그 자리에 눕습니다. 그러면 목자를 통하지 않고는 아무도 우리에 들어갈 수 없습니다. 즉 목자가 친히 문이 되어서 맹수와 도둑으로부터 양을 보호하는 것입니다.

우리는 본문인 요한복음 5장 1-29절에서 양의 문이신 예수님이 우리에게 풍성한 삶을 주시는 모습을 보게 됩니다. 여기에 베데스다 연못가에서 물이 움직이기를 기다리는 38년 된 병자가 나옵니다. 아마도 그는 스스로의 힘으로 움직일 수 없어 남에게 폐만 끼치고 한숨과 눈물 속에 살았을 것입니다. 그러나 예수님을 만나자 그의 삶이 바뀌었습니다. 이 38년 된 병자가 누구라고 생각합니까? 바로 우리입니다. 왜냐하면 그가 받은 은혜가 우리가 받은 은혜와 똑같기 때문입니다.

38년 된 병자가 예수님을 찾아서 예수님을 만난 것이 아닙니다. 예수님이 그를 찾아가 만나 주셨습니다. 그러면 그 많은 무리 가운데, 그 많은 병자 가운데 왜 하필 38년 된 병자입니까? 그가 다른 사람보다 도덕적으로 우월한 삶을 살았기 때문입니까? 그가 남달리 믿음이 좋았기 때문입니까? 아닙니다. 그렇다면 왜 주님이 38년 된 병자를 만나 주신 것일까요?

같은 질문을 던져 보겠습니다. 왜 나입니까? 왜 내가 예수님을 믿게 되었습니까? 내가 다른 사람보다 도덕적으로 나았기 때문입니까? 우월한 집안 환경 때문입니까? 나보다 인격적으로, 도덕적으로 훨씬 뛰어난 사람들이 많은데, 그들은 예수님을 믿지 않고 나는 예수님을 믿는 사람이 되었습니다. 그 이유가 무엇입니까?

바로 주님이 나를 선택해 주시고, 주님이 나를 만나 주셨기 때문입니다. 그렇다면 또 그 이유가 무엇입니까? 알 수 없습니다. 우리는 "오직 주님의 은혜입니다"라고 고백할 수밖에 없습니다.

예수님이 38년 된 병자에게 "네 자리를 들고 걸어가라"(요 5:8)라고 말씀하셨을 때 그는 벌떡 일어나서 자리를 들고 걸어갔습니다. 놀라운 믿음입니다. 나에게 이 말씀이 주어진다면 어떻게 하겠습니까? "이보시오, 누군지 모르겠지만 놀리지 마시오. 나는 38개월 된 병자가 아니라 38년 된 병자란 말이오" 하며 믿지 않았다면 기적은 일어나지 않았을 것입니다. 그런데 놀랍게도 그는 예수님의 말씀을 믿었습니다. 이 믿음이 어디서 온 것일까요? 그 사람 속에서 나온 것일까요? 당시 그는 예수님이 누구신지도 몰랐습니다. 예수님이 누구신지도 모르는 사람이 어떻게 예수님을 믿겠습니까? 그렇다면 이 믿음은 어디서 온 것입니까? 바로 예수님이 주신 것입니다.

혹시 '다른 사람은 예수님을 믿지 않아 지옥 가는데, 나는 예수님을 믿어 천국 간다. 내가 선택을 잘했기 때문이다'라고 생각하는 사람이 있을지 모르겠습니다. 내가 가진 믿음이 어디서부터 온 것입니까? 에베소서 2장 8절은 "너희는 그 은혜에 의하여 믿음으로 말미암아 구원을 받았으니 이것은 너희에게서 난 것이 아니요 하나님의 선물이라"라고 말합니다. 예수님을 만난 것은 은혜요, 예수님을 믿게 된 믿음은 선물이니, 나의 구원은 전적으로 하나님의 은혜입니다. 그러니 "주님, 감사합니다"라는 말밖에 할 수가 없는 것입니다.

주님은 우리의
열린 문, 닫힌 문, 잠긴 문이십니다

그렇다면 왜 주님이 우리의 문이 되어 주시고, 왜 우리를 만나 주십니까? 우리에게 풍성한 삶을 주시기 위해서입니다. 그 풍성한 삶은 어떠한 삶일까요?

열린 문 되신 주님 뒤를 따라가세요

첫째, 풍성한 삶은 예수님을 따르는 삶입니다. "그 후에 예수께서 성전에서 그 사람을 만나 이르시되 보라 네가 나았으니 더 심한 것이 생기지 않게 다시는 죄를 범하지 말라 하시니"(요 5:14). 아마 38년 된 병자는 심각한 죄를 지었던 모양입니다. 죄의 결과로 환자가 되어서 오랫동안 고통을 당했습니다. 그리고 예수님을 만나 고침 받았습니다. 새사람이 되었습니다. 모든 죄를 용서받았습니다. 이제는 어떻게 살아야 하겠습니까? 예전의 삶과 똑같이 살 수는 없지 않습니까? 새사람이 되었으니 새로운 삶을 살아야 하지 않겠습니까? 예수님을 따라가야 하지 않겠습니까?

예수님을 믿는 것은 예수님께 순종한다는 의미요, 예수님을 따라간다는 뜻입니다. 그런데 예수님을 믿는다고 하면서도 믿기 전이나 믿고 난 후나 삶에 변화가 없다면 이상합니다. 정말 예수님을 믿는 사람이 맞을까요? 정말 예수님을 만난 사람이 맞을까요? 늘 교회를 다닌다고 안심하지 말고, '내가 정말 예수님을 만났나?' 하고 한 번씩 자신을 점검해 볼 수 있기를 바랍니다.

히말라야 고원지대에는 양을 매매할 때 특이한 풍습이 있다고 합니다. 그것은 양의 크기가 아니라 양의 성질에 따라 값을 매기는 것입니다. 양의 성질을 테스트하는 방법이 재미있습니다. 산비탈에 양을 세워 두고 팔 사람과 살 사람이 지켜봅니다. 양이 풀을 뜯으러 산비탈 위로 올라가면 좀 말랐어도 값을 높이 쳐 줍니다. 그런데 만약 아래로 내려가면 살이 통통해도 값을 덜 쳐 줍니다. 왜냐하면 산비탈 위로 올라가는 양은 지금은 잠시 힘들지만 잠시 후면 넓고 풀이 많은 산허리를 만나 살이 찔 것이기 때문입니다. 그러나 산비탈 아래로 내려가는 양은 지금은 편하지만 나중에는 협곡에 도달해 풀이 없는 곳을 만나 결국 죽을 것이기 때문입니다.

예수님은 문이십니다. 예수님은 열린 문이 되어 주십니다. 그런데 그 문은 높은 곳에 있습니다. 그 문은 좁은 문입니다. 예수님을 믿고 난 다음에 세상을 따라가고, 육체의 정욕을 따라가면 잘못 사는 것이요, 예수님을 따라가는 삶이 아닙니다. 우리는 세상 따라, 정욕 따라 살지 말고 예수님을 따라 살아야 합니다. 예수님은 우리를 죄와 질병에서 해방시켜 주셨습니다. 그러므로 이제 더 이상 죄의 노예, 질병의 노예가 되어 살 필요가 없습니다.

38년 된 병자가 일어나 걷게 된 기적은 유월절에 양문 곁에서 일어났습니다. 유월절은 어린양의 피 때문에 이스라엘 자손이 구원받은 사건을 기념하는 절기입니다. 예수님이 유월절 양이 되십니다. 그리고 양의 문은 성전에서 제사드릴 양을 데리고 가는 곳입니다. 예수님이 친히 세상 죄를 지고 가는 어린양이 되어 십자가에 달려 죽으심으로 우리에게 이 놀라운 축복을 주실 수 있는 것입니다. 이사야 53장 5절은 "그가 징계를 받으므로 우리는 평화를 누리고 그가 채찍에 맞으므로 우리는 나음을 받았도다"라고 말합니다.

십자가는 우리에게 건강과 죄 사함의 복을 줍니다. 예수님은 바로 이 십자가에 근거해 38년 된 병자에게 "네 자리를 들고 걸어가라"라고 명령하시고 나중에 다시 만나 다시는 죄를 범하지 말라 말씀하신 것입니다.

혹시 몸이 연약하여 고통 중인 분이 있다면 질병에 매이지 않기를 바랍니다. 주님이 채찍에 맞으심으로 우리에게는 나을 권리가 주어졌습니다. 예수님이 38년 된 병자에게 주신 말씀을 내게 주신 말씀으로 받아들이기 바랍니다. "네 자리를 들고 걸어가라"(요 5:8). 이 말씀을 "아멘"으로 받고 질병에서 해방되어 강건한 삶을 사는 복된 성도가 되기를 간절히 바랍니다. "주님, 저의 건강을 위해 채찍에 맞으셨음을 믿습니다. 그 공로를 의지해 간구합니다. 주님, 제게 건강을 주십시오"라고 날마다 기도하십시오. 건강을 주실 때까지 기도하십시오. 주님은 우리에게 열린 문이 되어 주십니다. 열린 문이신 예수님을 뒤따라가면서 예수님과 같은 삶을 우리도 살아가야 할 것입니다.

닫힌 문 되신 주님 곁에서 푹 쉬세요

둘째, 풍성한 삶은 예수님 곁에서 쉼을 누리는 삶입니다. 좁은 문을 지나 좁은 길로 가다 보면 힘들 때가 있습니다. 예수님을 믿고 믿음으로 산다는 것이 쉽지만은 않습니다. 때로는 싸움도 있고, 오해를 받기도 하고, 억울한 일을 당하기도 하고, 너무 힘들어서 견디기 어려운 순간이 옵니다. 그때는 어떻게 해야 합니까? 쉬어야 합니다. 어디서 쉬어야 할까요? 주님이 우리에게 말씀하십니다. "수고하고 무거운 짐 진 자들아 다 내게로 오라 내가 너희를 쉬게 하리라"(마 11:28).

피곤하십니까? 주님 곁에 와서 쉬십시오. 주님은 때로는 열린 문이 되어 우리로 일하게 하시지만, 그 문을 닫아 주님과 나만의 시간을 갖기 원하십니다. 마태복음 6장 6절에서 예수님은 이렇게 말씀하셨습니다. "너는 기도할 때에 네 골방에 들어가 문을 닫고 은밀한 중에 계신 네 아버지께 기도하라 은밀한 중에 보시는 네 아버지께서 갚으시리라."

살다가 힘들면 기도하십시오. 주님은 우리 한 사람, 한 사람을 개별적으로 다 아십니다. 무엇 때문에 우리가 힘들어하는지, 우리의 고통이 무엇인지, 우리가 탄식하는 이유가 무엇인지 다 아십니다. 주님은 우리가 경험한 그 고통을 직접 겪으셨기 때문입니다. 주님은 우리를 개별적으로 사랑하십니다. 남편이 아내를 사랑하듯, 우리를 향한 각별하고도 개인적인 사랑입니다.

"나의 사랑, 나의 어여쁜 자야 일어나서 함께 가자 바위틈 낭떠러지 은밀한 곳에 있는 나의 비둘기야 내가 네 얼굴을 보게 하라 네 소리를 듣게 하라 네 소리는 부드럽고 네 얼굴은 아름답구나"(아 2:13-14).

힘드십니까? 주님이 "내 곁으로 오라. 우리 함께 사랑하자. 우리 함께 이야기 나누자"라고 말씀하십니다. 주님이 초청하시는 시간인 줄 알고 골방으로 들어가 문을 닫고 주님과 대화함으로 새 힘을 얻기 바랍니다.

잠긴 문 되신 주님 안에서 안식할 것입니다

셋째, 풍성한 삶은 참된 안식을 누리는 삶입니다. 우리는 아침이 되면 문을 엽니다. 잠시 쉴 때는 문을 닫습니다. 그리고 잠잘 때가 되면 문을 잠급니다. 주님은 때로는 우리에게 잠긴 문이 되셔서 우리에게 안전을 주시고 참 안식, 잠을 주십니다. 성경은 잠을 안식이라고 표현합니다. 그리고 그 안식은 바로 천국의 삶을 의미합니다.

"또 하나님이 사십 년 동안 누구에게 노하셨느냐 그들의 시체가 광야에 엎드러진 범죄한 자들에게가 아니냐 또 하나님이 누구에게 맹세하사 그의 안식에 들어오지 못하리라 하셨느냐 곧 순종하지 아니하던 자들에게가 아니냐 이로 보건대 그들이 믿지 아니하므로 능히 들어가지 못한 것이라"(히 3:17-19). 여기서 '그들이 안식에 들어가지 못한다'는 말은 가나안 땅에 들어가지 못한다는 말입니다. 가나안은 바로 천국을 의미합니다. 또한 히브리서 기자는 "그런즉 안식할 때가 하나님의 백성에게 남아 있도다 이미 그의 안식에 들어간 자는 하나님이 자기의 일을 쉬심과 같이 그도 자기의 일을 쉬느니라"(히 4:9-10)라고 설명합니다.

성경은 부활의 몸을 입고 부활하신 주님과 함께 천국에서 영원한 삶을 사는 것을 참 안식이라고 말합니다. 부활의 몸으로 부활의 주님과 함께 천국에서 영원한 안식을 누리는 것이야말로 풍성한 삶의 절정입니다.

세상이 우리를 비난하고 핍박하고 죽일 수 있습니다. 그러면 우리의 영원한 생명은 하나님이 지켜 주십니다. 주님을 위해서 죽는 것은 영광 중에 영광입니다. 부활이 있다면, 부활의 삶이 영원하다면 주님을 위해서 핍박받는 것은 복입니다. 부활의 생명은 원수들이 건드리지 못합니다. "너희는 마음에 근심하지 말라 하나님을 믿으니 또 나를 믿으라"(요 14:1). "이것을 너희에게 이르는 것은 너희로 내 안에서 평안을 누리게 하려 함이라 세상에서는 너희가 환난을 당하나 담대하라 내가 세상을 이기었노라"(요 16:33).

주님은 우리에게 부활의 생명을 주십니다. 우리는 잠긴 문 되신 예수님의 품 안에서 영원한 부활의 생명을 누릴 수 있게 되는 것입니다.

사도 바울의 인생을 한 편의 영화라고 한다면, 영화의 마지막 장면은 이렇습니다. 수많은 그리스도인이 박해당합니다. 불에 타 죽습니다. 그리고 마지막으로 사도 바울이 순교당합니다. 가장 고통이 적은 형벌인 참수형을 당합니다. 그는 로마 시민권자이기 때문입니다. 나무에 목을 얹고 간수가 목을 친 순간, 화면이 바뀌어 천국이 보입니다. 앞서간 수많은 성도가 사도 바울을 환영하러 나옵니다. 그리고 그 뒤에 예수님이 그를 맞이하러 달려오십니다.

다시 말하지만, 부활의 몸으로 부활하신 주님과 함께 천국에서 영원히 사는 것은 풍성한 삶의 진수입니다. 이것이 우리의 궁극적인 소망입니다. 열린 문 되신 예수님을 뒤따라가며 열심히 주님을 위해 일하다가, 때로 피곤해지면 닫힌 문 되신 예수님 곁에서 쉼을 누리고, 마침내는 부활하신 주님의 품 안에서 영원한 안식을 누리는 복된 믿음의 사람, 사랑스런 그리스도의 신부, 예수님의 어린양이 되기를 간절히 바랍니다.

◖◖● 그저 목자만 따라가면
길을 잃지 않습니다

요한복음 6:16-24, 10:11-16

선한 목자가
나의 목자십니까?

우리가 살고 있는 지구상에는 수많은 종류의 동물이 있습니다.
동물들을 자세히 살펴보면 나름대로 생존을 위한 대비책을 다 갖
고 있습니다. 어떤 동물은 날카로운 이빨이 있고, 어떤 동물은 사
나운 발톱이 있고, 어떤 동물은 날개가 있고, 어떤 동물은 빠른 발
이 있습니다. 그런데 유독 양만은 자신을 보존할 수 있는 대책이
전혀 없는 동물입니다. 느리고, 이빨도 발톱도 무디고, 몸무게도
많이 나갑니다. 따라서 양은 반드시 목자가 있어야 생존이 가능

한 동물입니다.

본문은 명시적으로 밝히지 않지만 암시적으로 우리에게 강력한 메시지를 던지고 있습니다. "너는 양이다"라는 것입니다. 자신이 양임을 인정합니까? 자신이 양이라는 사실을 아는 것이 지혜입니다. 우리는 자기 자신을 알아야 합니다. 우리는 여우가 아니라 양이며, 양은 목자를 의지해야 삽니다. 우리가 양이라는 사실을 깨달을 때 비로소 불필요한 염려에서 해방될 수 있습니다.

양에게는 두 종류의 목자가 있습니다. 주인이 직접 양을 돌보는 경우가 있고, 주인이 돌보아야 하는 양이 너무 많아서 삯꾼을 고용해 양을 맡기는 경우도 있습니다. 삯꾼이 목자인 경우에는 주인처럼 양을 사랑하지는 않을 것입니다. 그래서 위험이 닥치면 양을 버리고 도망가는 목자도 있습니다. 그러나 주인은 양을 동물로 취급하지 않고 가족으로 여기기에 생명을 걸고 보호하고, 양을 가장 좋은 길로 인도하기 위해 최선을 다합니다. 양의 행복은 어떤 목자를 만나느냐에 달려 있는 것입니다. 선한 목자를 만나면 행복은 보장된 것입니다. 양의 능력 때문이 아니고 목자 때문입니다.

"나는 선한 목자다"라는 예수님의 자기 선언에는 두 가지 의미가 담겨 있습니다. 앞서 '에고 에이미'(나는 나다)라는 표현은 하나님의 고유한 자기 표현 방식이라고 설명했습니다. 그러므로 '나는 선한 목자다'라는 표현은 '나는 하나님이다'라는 뜻을 포함합니다. 그리고 동시에 '나는 너의 선한 목자다'라는 의미가 들어 있습니다. 예수님이 나의 목자심을 인정합니까? 나는 예수님의 양이고, 예수님은 나의 목자십니다.

Jesus is
my shepherd

그런데 예수님이 왜 선한 목자실까요?

주님은 우리를 위하여 십자가로 달려가셨습니다

첫째, 예수님이 선한 목자 되신 이유는 우리를 위하여 목숨을 버리셨기 때문입니다. "나는 선한 목자라 선한 목자는 양들을 위하여 목숨을 버리거니와 삯꾼은 목자가 아니요 양도 제 양이 아니라 이리가 오는 것을 보면 양을 버리고 달아나나니 이리가 양을 물어 가고 또 헤치느니라"(요 10:11-12). 삯꾼은 자기 양이 아니기 때문에 이리만 와도 도망쳐 버립니다. 그러나 선한 목자는 사자나 곰이 달려들어도 목숨 걸고 양을 지킵니다.

시편 23편을 지은 다윗은 직업이 목자였습니다. 그는 "여호와는 나의 목자시니"(시 23:1)라고 고백했는데, 여기서 목자는 어떤 의미일까요? 다윗이 양을 어떻게 지켰는가를 사울 앞에서 고백하는 내용을 보면 알 수 있습니다. "다윗이 사울에게 말하되 주의 종이 아버지의 양을 지킬 때에 사자나 곰이 와서 양 떼에서 새끼를 물어 가면 내가 따라가서 그것을 치고 그 입에서 새끼를 건져 내었고 그것이 일어나 나를 해하고자 하면 내가 그 수염을 잡고 그것을 쳐 죽였나이다"(삼상 17:34-35). 갑자기 숲에서 곰이나 사자가 나오면 혼비백산할 수밖에 없습니다. 그런데 다윗은 양을 지키기 위해 곰과 사자를 따라가 쳐 죽였다는 것입니다.

인간이 만든 가장 흉악한 사형 방법이 바로 십자가입니다. 모든 사람이 십자가를 두려워해 십자가를 피하려 했습니다. 그런데 예수님은 십자가를 향해 달려가셨습니다. 예수님은 십자가에 억지로 못 박히지 않으셨습니다. 목숨을 빼앗기신 것이 아닙니다. "내가 스스로 버리노라"(요 10:18). 예수님은 우리를 위해 스스로 십자가를 지셨습니다.

새생명축제에 온 초신자가 목사님에게 물었습니다. "왜 예수님이 죽으셔야 했습니까?" 그러자 목사님이 대답했습니다. "예수님이 죽지 않으시면 내가 죽어야 하니까요." 예수님의 죽음은 바로 나를 대신한, 나를 위한 죽음이었습니다. "우리가 아직 죄인 되었을 때에 그리스도께서 우리를 위하여 죽으심으로 하나님께서 우리에 대한 자기의 사랑을 확증하셨느니라"(롬 5:8). "그러므로 이제 그리스도 예수 안에 있는 자에게는 결코 정죄함이 없나니 이는 그리스도 예수 안에 있는 생명의 성령의 법이 죄와 사망의 법에서 너를 해방하였음이라"(롬 8:1-2).

뉴욕에 지미라는 이름의 고아 소년이 있었습니다. 고아가 된 그를 열 살까지 돌보아 준 이웃집 아주머니마저 돌아가시자 지미는 먹고살기 위해서 어린 나이에 신문팔이를 해야 했습니다. 날마다 신문을 꼬박꼬박 사 주는 친절한 아주머니가 하루는 지미에게 말했습니다. "지미야, 우리 교회 주일학교에 나오지 않을래? 내가 가르치는 반에 오면 좋겠다." 자신을 따스하게 사랑해 주는 분이라 청을 받아들여서 다음 주 주일 아침 일찍 제일 먼저 교회에 도착했습니다.

공과공부 시간에 성경을 읽는데, 아이들이 한 절 읽고 선생님이 한 절 읽는 식이었습니다. 그런데 지미는 읽을 수가 없었습니다. 글을 몰랐기 때문입니다. 예배가 끝난 후 아주머니가 지미를 따로 불러서 오늘 배운 내용을 다시 한 번 복습해 주었습니다. 친절하게 엄지손가락부터 차례로 한 손가락씩 꼽으면서 "Jesus / is / my / shepherd"(예수님은 나의 목자시다)라고 가르쳐 주었습니다. 그러고 나서 이 선한 목자가 지미를 위해서 죽으셨다고, 예수님이 십자가에 못 박혀 죽으신 것은 바로 지미를 위해서라고 설명해 주었습니다. 지미는 눈을 반짝이며 들었습니다. 그리고 예수님의 사랑을 깨닫자 얼굴에서 환한 빛이 났습니다. 다음 주일에 또 오겠다고 약속하고는 교회를 떠났습니다.

그런데 다음 주에 지미가 교회에 오지 않았습니다. 알고 보니 교통사고를 당한 것입니다. 아주머니는 서둘러 병원을 찾아갔습니다. 병원에 누워 있는 지미는 지난주에 배웠던 말씀을 손가락을 꼽아 가며 암송하고 있었습니다. 지미는 이렇게 고백했습니다. "아주머니, 저는 이 네 손가락 중에서 세 번째 손가락, 'my'(나의)라는 손가락이 제일 좋아요. 저는 부모님도 안 계시고, 아무 재산도 없어요. 이 세상에 내 것이라고는 하나도 없어요. 그러나 이제 내 것이 생겼어요. 선한 목자는 내 거예요. 예수님은 나의 목자세요."

지미의 고백처럼 예수님이 나의 목자시라고 고백했습니까? 예수님이 나를 위해서, 나를 대신해서 십자가에 못 박혀 돌아가셨다고 고백했습니까? 그렇다면 우리는 세상에서 가장 행복한 예수님의 양입니다. 이 예수님을 어찌 사랑하지 않을 수 있습니까. 이 예수님의 인도하심을 어찌 따라가지 않을 수 있겠습니까.

주님은 우리를 천국 길로 인도하십니다

둘째, 예수님이 선한 목자 되신 이유는 나를 잘 아시고, 실패하지 않고 나를 목적지로 인도해 주시기 때문입니다. "나는 선한 목자라 나는 내 양을 알고 양도 나를 아는 것이 아버지께서 나를 아시고 내가 아버지를 아는 것 같으니 나는 양을 위하여 목숨을 버리노라"(요 10:14-15).

보통 목자는 한 번에 300마리 정도의 양들을 돌본다고 합니다. 언젠가 한 관광객이 목자가 양을 치는 모습을 보고 있다가 신기한 사실을 발견했습니다. 목자가 그 많은 양의 이름을 다 아는 것이었습니다. 300마리 양들에게 각각 이름이 있었습니다. 자기 눈에는 다 똑같이 생겼는데 목자는 신기하게도 다 구별해 냈습니다. 그가 탄복하면서 목자에게 물었습니다. "정말 이 양들을 한 마리, 한 마리 다 압니까?" 이에 목자는 "그럼요, 알지요! 한번 실험해 보세요"라고 했습니다.

잠시 후 목자가 "룩이!" 하고 부르자 양 한 마리가 돌아보았습니다. "점박이!" 하니까 다른 양이 돌아보았습니다. 목자도 양을 알고, 양도 목자의 음성을 아는 것입니다. 호기심 많은 관광객이 이번에는 목자의 옷을 빌려 입고 목자의 목소리를 흉내 내어 "룩이!" 하고 불러 보았습니다. 하지만 '룩이'라는 이름의 양은 전혀 반응하지 않았습니다.

놀랍게도, 본문에서 예수님은 양이 목자를 알고 목자가 양을 아는 이 관계가 예수님이 성부 하나님을 아시고, 성부 하나님이 예수님을 아시는 것과 같다고 말씀하셨습니다. 성부 하나님과 성자 하나님이 서로를 아시는 것과 같은 밀접한 관계를 양과 목자의 관계에 비유하신 것입니다. 성부와 성자는 삼위일체 1위와 2위로서 본질에서는 한 분이십니다. 서로를 완벽히 아시는 것입니다. 그처럼 예수님은 우리를 속속들이 다 알고 계십니다. 우리의 슬픔이 무엇인지, 우리의 고통이 무엇인지, 우리의 바람이 무엇인지 다 아십니다. 그리고 가장 적절한 도움을 우리에게 베풀어 주십니다.

요한복음 6장 18-21절에는 제자들이 오병이어의 기적 후에 바다를 건너가다가 풍랑이 일어 고생하는 모습이 기록되어 있습니다. "큰 바람이 불어 파도가 일어나더라 제자들이 노를 저어 십여 리쯤 가다가 예수께서 바다 위로 걸어 배에 가까이 오심을 보고 두려워하거늘 이르시되 내니 두려워하지 말라 하신대 이에 기뻐서 배로 영접하니 배는 곧 그들이 가려던 땅에 이르렀더라."

이 사건 바로 앞서 제자들은 성인 남자만 5,000명, 여자와 아이까지 합치면 약 2만 명이 넘는 사람들을 온종일 섬겼습니다. 얼마나 피곤했겠습니까. 그런데 그 기적의 떡을 먹은 사람들이 예수님을 임금으로 삼으려 했고, 제자들은 그에 동조하는 모습을 보였던 것 같습니다. 그때 예수님은 무리를 다 흩어 보내셨고, 제자들에게 바다 건너편 가버나움으로 가라고 하셨습니다. 그런데 그 밤에 풍랑을 만난 것입니다.

마태복음에 의하면, 그즈음은 밤 사경으로, 가장 깊은 깜깜한 밤이었습니다. 게다가 바다 한복판이었습니다. 제자들은 도저히 인간의 힘으로 극복할 수 없는 풍랑을 만났습니다. 꼼짝없이 물에 빠져 죽을 수밖에 없는 절박한 상황에 놓였습니다. 그때 주님이 바다 위로 걸어 그들에게 다가오셔서 그들을 살려 주신 것입니다. 주님은 결코 실패하지 않으십니다. 주님은 결코 너무 늦게 오지 않으십니다. 주님이 너무 늦게 오셔서 다 빠져 죽는 일은 절대로 없습니다.

어떤 분은 '예수님이 진작 오셨으면 제자들이 밤새 고생하지 않았을 텐데'라고 생각할지 모르겠습니다. 하지만 다 이유가 있습니다. 제자들은 풍랑이 일 때는 몰랐지만 나중에야 깨달았을 것입니다. 문제가 무엇입니까? 제자들은 지금 가버나움으로 가고 있지만, 그들의 마음은 여전히 오병이어의 기적이 일어난 현장에 머물러 있었던 것 같습니다. '아, 그때 예수님이 임금이 되셨어야 했는데' 하면서 말입니다. 예수님이 임금이 되시면 국무총리, 외무부 장관, 행정자치부 장관이 다 제자들 차지가 아닙니까. 출셋길이 활짝 열리는 것입니다. 그런데 풍랑을 만나 죽음을 맞닥뜨려 보니 그 꿈이 얼마나 허망한가를 깨닫게 되었을 것입니다. '인간 목숨, 정말 아무것도 아니구나' 하고 뼈저리게 느꼈을 것입니다.

그리고 풍랑이 일기 전까지 아마도 제자들의 마음은 출세에 대한 욕심으로 서로를 경쟁자로 여겨 뿔뿔이 흩어져 있었던 것 같습니다. 그러나 그날 그 밤에 제자들은 똘똘 뭉쳐서 하나가 되었습니다. 배가 깨어지면 같이 죽는 것입니다. 죽어도 같이 죽고, 살아도 같이 사는 공동 운명체라는 사실을 풍랑 속에서 깨닫게 된 것입니다. 그리고 그들은 바다 위를 걸으시고 바람을 잠잠케 하신 예수님이 진정 누구신지도 알게 되었습니다. 그래서 예수님이 배에 오르시자 예수님께 절하며 "진실로 하나님의 아들이로소이다"(마 14:33)라고 고백한 것입니다.

물론 제자들은 고생을 많이 했습니다. 그들이 고생을 당할 때 얼마나 괴로울지 주님은 다 아셨습니다. 그럼에도 주님이 제자들에게 한동안의 고난을 허용하신 이유는 잃는 것보다 얻는 것이 훨씬 더 많았기 때문입니다. 모든 고난을 한순간에 없앨 능력이 주님께는 얼마든지 있습니다. 그럼에도 주님이 우리에게 고난을 허용하시는 이유는 고난을 통해서 잃는 것보다 얻는 것이 훨씬 더 많기 때문입니다.

저에게는 목회하면서 한 가지 소망이 있습니다. 일반적으로 사람은 고통스러우면 천국을 사모하고, 평안해지면 천국을 잊어버립니다. 그래서 제 소망은 '우리 교인들이 행복하면 행복할수록, 건강하면 건강할수록 천국을 더욱더 사모하는 삶을 살면 좋겠다'는 것입니다. 그 목표를 가지고 목회하면서 자주 권고했는데, 이제 30년 넘게 목회하고 과거를 돌이켜보니 그것은 제 희망 사항이었습니다. 현실적으로 참 어려운 일이요, 인간적으로는 거의 불가능하다는 사실을 깨닫게 되었습니다. 어떻게 알았을까요? 저 자신을 보고 깨달았습니다. 인간은 다 거기서 거기요, 모두 약합니다. 조금 살 만하면 땅에 마음을 빼앗기기 쉽습니다.

때로 저는 하나님께 항변하기도 했습니다. "하나님, 제가 볼 때는 저렇게 예수님을 잘 믿는 저분에게는 고난이 필요 없을 것 같은데 왜 고난을 주십니까?" 그런데 제가 틀렸습니다. 그분에게도 고난이 필요했습니다. 하나님이 고난을 통해서 천국을 더욱더 사모하게 하신 것이요, 고난을 통해서 깨어질 부분이 많았던 것입니다.

주님은 우리의 형편을 잘 아시고 가장 좋은 길로 인도하십니다. 때로는 건져 주시고, 때로는 풍랑 속에 두어 우리를 훈련시키시고, 깨끗하게 하시고, 마침내 실패 없이 천국에 당도하게 하십니다. 그 주님을 믿는다면 이제는 더 이상 나 자신에 대해서 염려할 필요가 없습니다. 주님이 책임지고 천국으로 인도하실 테니, 이제는 기뻐하고 감사하면서 좋으신 주님께 무엇을 드릴 수 있을지 생각해야 합니다.

주님은 우리에게 십자가 영광을 안겨 주십니다

셋째, 주님이 선한 목자 되신 이유는 목자의 기쁨과 영광에 동참하게 해 주시기 때문입니다. "또 이 우리에 들지 아니한 다른 양들이 내게 있어 내가 인도하여야 할 터이니 그들도 내 음성을 듣고 한 무리가 되어 한 목자에게 있으리라"(요 10:16). 여기서 '우리에 들지 아니한 양'은 1차적으로 이방인을 의미합니다. 그리고 2차적으로는 구원받았지만, 구원받기로 예정되어 있지만 교회에 나오지 않고 있는, 교회 밖에 있는 하나님의 자녀를 가리킵니다. 우리가 전도해야 하는 전도 대상자입니다.

지금 교회 안에 있는 사람들이 구원받아야 할 전부가 아닙니다. 교회 밖에도 구원받아야 할 사람들이 많이 있습니다. 주님은 그들도 사랑하시고, 그들도 반드시 천국으로 인도하기를 원하십니다. 그런데 주님은 이 일을 혼자 하지 않으시고 우리를 사용해 함께 하십니다. 그래서 "누구든지 나를 따라오려거든 자기를 부인하고 자기 십자가를 지고 나를 따를 것이니라"(마 16:24; 막 8:34)라고 말씀하신 것이요, 베드로에게 "네가 나를 사랑하느냐? 내 양을 먹이라" 하신 것입니다.

왜 주님이 그 아픈 십자가를 우리에게 지라고 말씀하시는 것일까요? 십자가는 고통으로 끝나지 않고 부활로 이어지며, 영원한 천국의 영광으로 연결됩니다. 십자가는 기쁨이요 영광입니다. 그래서 그 기쁨과 영광을 우리에게 나누어 주시기 위해 인간을 구원하는 이 일에 우리를 동역자로 사용하시고, "너의 십자가를 지고 나를 따라오라"고 말씀하시는 것입니다.

아기를 낳은 초보 엄마들이 하는 말이 있습니다. "아이를 낳고 어머니가 되어 보니, 이제야 어머니의 사랑을 알 것 같습니다." 마찬가지로, 우리가 내 몫의 십자가를 지고 한 영혼을 구원하기 위해 기도하고 애쓸 때, 그리고 그를 위해 희생할 때 '아, 주님이 나를 얼마나 사랑하셨는가!' 하며 십자가 사랑의 깊이를 바로 깨닫게 되는 것입니다. 십자가를 지는 일에는 고통만 있는 것이 아닙니다. 그 속에 십자가를 져 본 사람만이 알 수 있는 신비한 기쁨이 있습니다.

언젠가 친구 목사님이 SNS를 통해 아주 감동적인 이야기 한 편을 소개해 주었습니다. 미국의 어느 가정에서 있었던 일입니다. 갓 출산한 산모가 아기를 받아 품에 안았습니다. "오, 사랑스런 내아기." 그런데 아기의 얼굴을 본 순간 숨이 멎는 듯했습니다. 깜짝 놀랐습니다. 두 귀가 없는 것입니다. 그러나 신기하게도 청력은 문제가 없었습니다.

아이는 두 귀가 없었지만, 무럭무럭 건강하게 자랐습니다. 그런데 늘 자신의 결함을 자각하며 살아야 했습니다. 어느 날 학교에서 돌아온 아이가 말했습니다. "엄마, 덩치 큰 아이가 나보고 괴물이라고 놀려요." 어머니의 가슴은 미어지는 듯했습니다. 그래서 아이가 어느 정도 성장하자 나을 수 있다는 희망을 품고 최고 전문의를 찾아갔습니다. 의사는 고칠 수 있다고 말했습니다. 그러고는 "하지만 기증자가 필요합니다"라는 말을 덧붙였습니다. 누군 가가 자신의 귀를 기증하면 이식 수술을 할 수 있다는 것입니다. 희망을 품고 2년을 기다렸지만, 기증자는 나타나지 않았습니다. 아무도 소년을 위해서 자신을 희생하려 하지 않았습니다.

그러던 어느 날 기쁜 소식이 들려왔습니다. 기증자가 나타났다 는 것입니다. 아버지가 아들에게 말했습니다. "애야, 지금 당장 수 술할 수 있다는구나. 기증자가 나타났어. 그러나 한사코 자신이 누구인지는 밝히지 말아 달라는구나."

수술 후에 아이 앞에는 아무런 장애물도 없었습니다. 승승장구 했습니다. 열심히 공부해서 좋은 대학에 합격했고, 좋은 직장에 취업했고, 아름다운 여인을 만나서 행복한 가정을 이루었습니다. 그러면서도 그는 늘 자신에게 귀를 기증한 사람이 누구인지 궁금 해서 아버지에게 묻곤 했습니다. "아버지, 그분이 누구일까요? 혹 알 수 있는 방법이 없을까요? 제가 꼭 보답하고 싶습니다." 그때 마다 아버지의 대답은 부정적이었습니다. "힘들 것 같구나." "알 수 없을 것 같구나." "언젠가 알게 되겠지."

그렇게 몇 년의 시간이 흐른 후 그에게 가장 슬픈 날이 다가왔 습니다. 사랑하는 어머니가 돌아가신 것입니다. 아버지와 아들은 어머니의 관 옆에 나란히 섰습니다. 아버지가 허리를 굽혀 어머 니의 뺨에 입을 맞추고는 어머니의 머리카락을 쓸어 뒤로 넘겼습니다. 어머니의 얼굴에는 두 귀가 없었습니다. "엄마가 전해 주라고 하더구나. 이것이 너를 위한 엄마의 작은 희생이라고. 그리고 이것이 엄마의 가장 큰 기쁨이었다고."

이 어머니의 기쁨을 이해할 수 있겠습니까? 사랑하는 사람을 위해서 무언가 해 줄 수 있다는 것은 기쁨입니다. 희생이 아닙니다. 손해가 아닙니다. 주님이 사랑하시는 사람, 주님이 온 천하보다 귀히 여기시는 사람, 주님이 십자가를 지기까지 사랑하신 바로 그 영혼을 위해서 내가 기도하고, 전도하고, 내 물질과 시간을 사용하는 것은 단순히 힘든 일이 아닙니다. 그 자체가 기쁨이요 영광입니다.

주님이 우리에게 십자가를 지라고 말씀하신 이유는 주님의 영광에 우리를 동참하게 하시기 위함입니다. 구원은 은혜로 받습니다. 그러나 상급은 우리가 한 일이 있어야 받습니다. 우리가 주님의 영광의 보좌에 앉아서 영원토록 왕 노릇 하려면 무엇인가 한 일이 있어야 합니다. 그 상급 받는 자가 되게 하시기 위해서, 주님의 영광에 동참하는 자가 되게 하시기 위해서 주님이 우리에게 예수님의 십자가에 동참하라고 권면하시는 것입니다. 얼마나 감사하고, 얼마나 영광스러운 초청입니까!

양은 지독한 근시여서 50cm 앞까지밖에 보지 못합니다. 따라서 뒤에 있는 양은 목자를 볼 수 없습니다. 그러면 어떻게 합니까?

앞에 선 양을 보고 따라가는 것입니다. 앞선 양이 목자를 잘 따라가면, 앞선 양을 목자 삼아서 목자를 잘 따라가게 되는 것입니다. 그런 의미에서 우리는 양이면서 목자입니다. 이제 우리가 좋은 양이 되어서 예수님의 뒤를 잘 따라가면, 우리 자녀는, 우리 직장 동료는, 우리 이웃은 우리를 목자 삼아 예수님의 뒤를 따라가게 되는 것입니다. 이처럼 우리가 좋은 양의 본을 보이면 많은 사람을 구원하게 되고, 한국 교회가 아름다운 교회가 될 수 있습니다.

지금도 주님은 우리에게 "십자가를 지고 나의 뒤를 따라오라. 내가 너희를 천국으로 인도하리라. 나의 영광을 따라오라"고 초청하십니다. 주님의 인도하심에 기쁨으로, 감사함으로, 찬양함으로 따라가는 선한 목자의 선한 양들이 됩시다.

부활 신앙으로 살아가면
두려움이 사라집니다

요한복음 11:17-44

Believe
in Him

천국과 부활을 믿습니까? 그렇다면 가장 복된 사람이요, 세상에
부러울 자가 없는 사람입니다. 그런데 우리가 가진 부활의 신앙,
부활의 소망이 우리의 실생활에서 얼마나 큰 힘이 됩니까? 얼마
나 큰 위로가 되나요?

한 신사가 아주 가난하게 사는 가정을 방문했는데, 그 집 벽
에 1,000프랑짜리 수표가 붙어 있었습니다. 아주 오래전인지라
1,000프랑이면 꽤 큰 액수였습니다. 의아하게 여긴 신사가 물어

봤습니다. "왜 이 수표를 여기 붙여 놓았습니까?" 그러자 부부가 이렇게 답했습니다. "몇 달 전에 부상당한 군인이 있어서 집에 모셔다가 잘 돌보아 주었는데, 죽기 전에 우리에게 주었습니다. 그 군인을 기억할 수 있는 좋은 기념물이라서 벽에 붙여 놓았습니다."

군인이 수표를 준 이유는 고마운 마음에 현금으로 바꿔서 사용하라는 의도가 아니었겠습니까. 부활 신앙, 부활 소망도 마찬가지로 소유한 데서 만족해서는 안 되고 실생활에서 사용해야 합니다.

주님은 죽은 나사로를 살리시면서 '에고 에이미'(예수님이 하나님이심을 선포하는 표현), 즉 "나는 부활이요 생명이다"라고 말씀하셨습니다. "나는 하나님이다"라고 선언하시면서, 동시에 "나는 너의 부활이고, 너의 생명이다"라고 말씀하신 것입니다.

예수님은 우리와 떼려야 뗄 수 없는 관계입니다. 예수님과 우리는 연합되어 있습니다. 예수님을 믿는다는 것이 무엇을 의미합니까? 우리가 예수님 안에 들어가는 것입니다(Believe in Him). 예수님 안에서 예수님과 하나 되는 것입니다. 부활하신 예수님과 연합해 예수님과 함께 십자가에 못 박혀 죽고, 부활하신 예수님과 연합해 부활의 생명으로 사는 자가 바로 그리스도인입니다. 그러므로 우리가 갖고 있는 생명은 예수님의 생명입니다.

정말 내게
부활 신앙이 있다면…

그렇다면 예수님의 생명, 부활 소망을 가진 우리는 어떻게 살아야 할까요?

죽음, 두려워할 필요가 없습니다

첫째, 부활 신앙으로 무장되어 있어야 합니다. "예수께서 이르시되 나는 부활이요 생명이니 나를 믿는 자는 죽어도 살겠고"(요 11:25). '나를 믿는 자는 죽어도 살겠고'라는 말은 '육체'를 중심으로 한 표현입니다. 부활은 죽었다가 다시 살아나고, 그 후 영원히 사는 것을 의미합니다. 엄밀한 의미에서 나사로가 소생한 것은 부활이 아닙니다. 죽었다가 살아난 것은 맞지만 또 죽었기 때문입니다. 엘리야는 승천했습니다. 죽지 않았기 때문에 부활이 아닙니다. 예수님은 "나는 부활이요"라고 말씀하셨습니다. 예수님이 죽으셨다가 다시 살아나셨다는 것입니다.

그렇다면 예수님이 왜 죽으셨습니까? 예수님의 죽음을 생각할 때 우리가 알아야 하는 것은 죽은 지 나흘이나 된 나사로를 다시 살리신 분, 죽음보다 강하신 분이 죽으셨다는 것입니다. 그런 주님이 왜 죽으셨을까요? 죽음보다 약해서 죽으신 것이 결코 아닙니다. 죽어 주신 것입니다. 왜입니까? 우리의 죽음을 죽이시기 위해서, 죽음 속에 있는 우리를 구출해 내시기 위해서입니다. 주님이 죽음 속에 들어가셔서 우리를 죽음에서 건져 주신 것입니다.

죽음의 세력이 무엇입니까? "사망아 너의 승리가 어디 있느냐 사망아 네가 쏘는 것이 어디 있느냐 사망이 쏘는 것은 죄요 죄의 권능은 율법이라"(고전 15:55-56). 사망이 무서운 이유는 죄 때문입니다. 죄의 권능은 율법이라고 성경은 말합니다. 죄의 삯은 사망입니다. "죄를 지으면 반드시 벌을 받아야 한다"는 율법에 의해서 죄지은 모든 사람은 죽어야 합니다. 실제로 모든 사람은 다 죽어가고 있습니다.

그런데 예수님이 우리 대신 죽어 주심으로 율법이 다 이루어졌습니다. 죄지은 사람은 죗값을 지불해야 하는데, 예수님이 십자가에서 우리 대신 죗값을 다 치르셨습니다. 십자가상에서 "다 이루었다"(요 19:30)라고 말씀하신 순간, 사망은 우리를 쏠 수 있는 독을 다 빼앗겨 버렸습니다. 죄가 있어서 죽음이 무서운 것인데, 죄 없는 죽음은 더 이상 우리에게 위협이 되지 않습니다.

예수님이 십자가에서 우리의 모든 죄를 해결해 버리셨으므로 우리는 우리에게 닥칠 육체의 죽음을 조금도 겁낼 필요가 없습니다. 성경은 죽음을 '잠'이라고 표현합니다. 잠은 깨면 그만입니다.

그런데 주님이 우리를 어떻게 살려 주십니까? 우리는 태어나는 순간부터 죽어 가고 있기 때문에 부활이 필요합니다. 주님이 부활시켜 주셔야 우리의 육체가 영원히 살 수 있습니다. 그런데 이 몸을 그대로 살리시는 것이 아닙니다. 성경은 육체를 '옷'으로 묘사합니다. 지금 우리가 입고 있는 육체는 낡고 더러워진 옷과 같습니다. 그러면 주님이 낡고 더러워진 옷을 깨끗하게 빨아서 다시 입혀 주십니까? 그렇지 않습니다. 주님은 우리에게 완전히 새로운 옷, 새로운 몸을 주십니다. 즉 부활하신 예수님과 똑같은 몸을 주십니다. 볼 수도 있고, 만질 수도 있고, 음식을 먹을 수도 있는 몸, 동시에 시간과 공간의 제약을 받지 않는 아름답고 영광스러운 몸, 강한 몸을 우리에게 주십니다.

"죽은 자의 부활도 그와 같으니 썩을 것으로 심고 썩지 아니할 것으로 다시 살아나며 욕된 것으로 심고 영광스러운 것으로 다시 살아나며 약한 것으로 심고 강한 것으로 다시 살아나며 육의 몸으로 심고 신령한 몸으로 다시 살아나나니 육의 몸이 있은즉 또 영의 몸도 있느니라 … 보라 내가 너희에게 비밀을 말하노니 우리가 다 잠잘 것이 아니요 마지막 나팔에 순식간에 홀연히 다 변화되리니 나팔 소리가 나매 죽은 자들이 썩지 아니할 것으로 다시 살아나고 우리도 변화되리라 이 썩을 것이 반드시 썩지 아니할 것을 입겠고 이 죽을 것이 죽지 아니함을 입으리로다 이 썩을 것이 썩지 아니함을 입고 이 죽을 것이 죽지 아니함을 입을 때에는 사망을 삼키고 이기리라고 기록된 말씀이 이루어지리라"(고전 15:42-44, 51-54).

우리는 이미 사망을 이긴 자들입니다. 예수님이 사망을 이기고 부활하셨을 때 우리도 사망을 이긴 것입니다. 그러므로 죽음을 두려워할 필요가 없습니다. 죽음이 두렵지 않다면 늙는 것도, 병드는 것도 두렵지 않습니다.

우리를 위해 새 옷이 준비되어 있습니다. 그러니 지금 입고 있는 옷이 낡아진다고 해서 신경 쓸 필요가 없습니다. 거울을 보면서 주름 하나 늘었다고 너무 낙심하지 마십시오. 어차피 지금 우리의 몸은 벗어 버려야 하는 몸입니다. 새 몸, 부활의 몸이 준비되어 있습니다. 그러므로 우리는 부활의 새 몸을 입을 소망을 가지고 나이 듦을 기꺼이 받아들이며 살아가야 합니다.

십자가 복음, 담대하게 전해야 합니다

둘째, 부활 신앙과 부활 소망으로 사는 사람은 부활의 능력으로 전도해야 합니다. "무릇 살아서 나를 믿는 자는 영원히 죽지 아니하리니 이것을 네가 믿느냐"(요 11:26). '살아서 예수님을 믿는 자는 영원히 죽지 않는다'라는 말은 '영혼'을 중심으로 한 표현입니다. 영혼은 불멸의 존재입니다. 그러므로 예수님을 믿는 우리에게는 영혼의 측면에서 볼 때는 죽음이 없습니다. 지금 이 생명을 가지고 영원히 사는 것입니다.

영원히 사는 것은 단순히 존재하는 것을 의미하지 않습니다.

성경에서 '생명'은 생명의 근원 되신 하나님과의 연합 속에서 영원히 사는 것을 가리킵니다. 한편 생명의 근원 되신 하나님과 분리되어서 영원히 존재하는 것을 무엇이라고 합니까? '둘째 사망'이라고 표현합니다. "죽은 자들이 자기 행위를 따라 책들에 기록된 대로 심판을 받으니 바다가 그 가운데에서 죽은 자들을 내주고 또 사망과 음부도 그 가운데에서 죽은 자들을 내주매 각 사람이 자기의 행위대로 심판을 받고 사망과 음부도 불 못에 던져지니 이것은 둘째 사망 곧 불 못이라 누구든지 생명책에 기록되지 못한 자는 불 못에 던져지더라"(계 20:12-15).

정말 두려워해야 하는 것은 둘째 사망입니다. 첫째 사망은 누구나 다 겪습니다. 중요한 것은 첫째 사망이 둘째 사망으로 이어지느냐, 아니면 영생으로 연결되느냐는 것입니다. 만약 가족이나 친구, 이웃 중에 예수님을 믿지 않는 사람이 있다면, 그는 지금 둘째 사망을 향해 가고 있는 것입니다. 단지 소멸되는 것은 그리 두려운 일이 아닙니다. 영원한 지옥에서 영원한 고통 속에서 영원히 존재하는 것이 정말 무서운 일입니다.

내 사랑하는 가족이, 친구가, 이웃이 지옥에 빠지지 않기를 원한다면 전도해야 합니다. 그래서 우리가 담대히 전도할 수 있도록 부활하신 주님이 우리와 함께 계시고, 우리에게 전도할 수 있는 능력을 공급해 주시는 것입니다.

사도행전 3장에서 베드로는 나면서부터 못 걷게 된 사람을 만났습니다. 베드로가 "은과 금은 내게 없거니와 내게 있는 이것을 네게 주노니 나사렛 예수 그리스도의 이름으로 일어나 걸으라"(행 3:6) 하자 그가 벌떡 일어났습니다. 사람들이 몰려들자 베드로는 그들에게 전도했습니다. "왜 우리를 주목하느냐? 너희가 십자가에 못 박은 예수 그리스도가 살아 계셔서 역사하셨다. 그분은 부활하셨다. 예수님의 이름이 이 사람을 고쳤다"(행 3:12-26 참고). 그날 많은 사람이 회개하고 예수님을 믿었습니다.

그러자 제사장들과 성전 맡은 자와 사두개인들이 예수 안에 죽은 자의 부활이 있다고 백성을 가르치고 전하는 것을 싫어해 베드로를 잡아 가두었습니다. 다음 날 그들은 대제사장 무리와 모여서 베드로를 가운데 세우고 심문을 했습니다. 그곳은 산헤드린 공의회로서, 예수님을 십자가에 못 박기로 결정한 재판정이었습니다.

그들은 베드로를 세워 놓고 "도무지 예수의 이름으로 말하지도 말고 가르치지도 말라"(행 4:18) 하며 협박했습니다. 그때 베드로가 무엇이라고 말했습니까? "하나님 앞에서 너희의 말을 듣는 것이 하나님의 말씀을 듣는 것보다 옳은가 판단하라 우리는 보고 들은 것을 말하지 아니할 수 없다"(행 4:19-20). 이처럼 놀라운 용기가 어디서 나왔을까요? 부활 신앙입니다. 즉 '부활의 주님이 나와 함께 계신다'는 사실이 베드로에게 큰 용기를 주었습니다.

예수님의 부활을 믿는다면, 나의 부활을 믿는다면 부활의 능력을 힘입어 담대히 복음을 증거해야 합니다. 목숨을 잃을까 두려워 비겁하게 살지 맙시다. 돈 때문에, 목구멍이 포도청이라, 이 육신의 목숨을 부지하고자 양심을 팽개치고 신앙을 버리는 어리석은 자가 되지 않기를 바랍니다.

"너는 장차 받을 고난을 두려워하지 말라 볼지어다 마귀가 장차 너희 가운데에서 몇 사람을 옥에 던져 시험을 받게 하리니 너희가 십 일 동안 환난을 받으리라 네가 죽도록 충성하라 그리하면 내가 생명의 관을 네게 주리라 귀 있는 자는 성령이 교회들에게 하시는 말씀을 들을지어다 이기는 자는 둘째 사망의 해를 받지 아니하리라"(계 2:10-11). 둘째 사망의 해를 받지 않는 부활 신앙을 가지고 전도에 힘쓰는 복된 믿음의 사람이 되기를 바랍니다.

애통, 참을 수 있습니다

셋째, 부활 신앙과 부활 소망을 가진 사람은 부활 소망으로 인내해야 합니다. "마리아가 예수 계신 곳에 가서 뵈옵고 그 발 앞에 엎드리어 이르되 주께서 여기 계셨더라면 내 오라버니가 죽지 아니하였겠나이다 하더라 예수께서 그가 우는 것과 또 함께 온 유대인들이 우는 것을 보시고 심령에 비통히 여기시고 불쌍히 여기사 이르시되 그를 어디 두었느냐 이르되 주여 와서 보옵소서 하니 예수께서 눈물을 흘리시더라"(요 11:32-35).

좀 이상하지 않습니까? 죽은 나사로를 곧 살리실 텐데, 예수님은 왜 눈물을 흘리셨을까요? 그 이유는 마리아와 마르다의 고통과 슬픔에 공감해 주신 것입니다. 나사로가 아파 누워 있는 동안 괴로워했던 것, 예수님이 오시기를 기다리며 마음 졸였던 것, 나사로가 죽은 후 나흘 동안 슬퍼했던 것을 주님이 다 알아주신 것입니다.

그런데 예수님이 눈물을 흘려 주실 필요 없이 나사로가 아프지 않게 하시든지, 아프자 마자 곧 와서 고쳐 주셨다면 간단히 해결될 일이 아니었을까요? 물론 지금 우리는 그 이유를 알고 있습니다. 만약 나사로가 아플 때 예수님이 곧 와서 고쳐 주셨다면 예수님은 병든 자를 고쳐 주시는 분에 불과했을 것입니다. 하지만 나사로가 죽은 다음에 그를 살려 주심으로 예수님이 얼마나 위대하신 분인지, 그리고 그분이 참 하나님이신지를 사람들이 알게 되었습니다.

하지만 당시 마리아와 마르다는 도무지 이해할 수 없었을 것입니다. 그들이 예수님께 얼마나 충성을 다했습니까. 예수님이 그들을 얼마나 사랑하셨나요. 마리아와 마르다는 그 사실을 너무도 잘 알기에 예수님께 사람을 보내 "와서 고쳐 주십시오"라는 말도 전하지 않고 그저 "주여 보시옵소서 사랑하시는 자가 병들었나이다"(요 11:3)라고 말씀드렸습니다. 그것으로 충분하다고 생각했고, 그 말을 들으신 예수님이 당연히 급하게 오셔서 고쳐 주실 줄 알았습니다. 그런데 예수님은 고쳐 주지 않으셨고 나사로는 죽었습니다. 마리아와 마르다는 엄청난 고통의 시간을 보내야 했습니다.

마찬가지로 우리의 삶 속에도 고난이 찾아올 때가 있습니다. 주님이 사랑하시면 내 삶 속에 아무런 고통도 없을 것이라고 기대하고 있습니까? 그것은 비현실적인 기대입니다. 마리아와 마르다는 주님을 사랑했고 주님도 그들을 사랑하셨지만, 그들은 애통의 시간을 가져야 했습니다. 누구에게나 애통의 시간이 있습니다. 애통의 때에는 왜 자신에게 애통의 순간이 있어야 하는지 그 이유를 알 수 없습니다.

하나님은 무한하시지만 우리는 유한합니다. 우리는 미련한 양에 가깝기에 하나님의 높은 뜻을 알 수가 없습니다. 그러므로 고난은 신비입니다. 주님은 때로는 우리를 고쳐 주시고, 때로는 아픔 가운데서 오랫동안 고통당하게 하시고, 때로는 죽게도 하십니다. 그 이유를 누구도 알 수 없습니다. 그러므로 이해하려고 하지 마십시오. 이해하지 못해도 우리는 주님을 신뢰할 수 있습니다.

교회에 대해 적대감을 지닌 냉소적 무신론자였다가 회심한 리 스트로벨(Lee Strobel)은 《예수는 역사다》(두란노, 2002)에 이어 《기적인가 우연인가》(두란노, 2018)를 썼습니다. 이 책에 나오는 두 사람을 소개하고 싶습니다.

한 사람은 두에인 밀러 목사님입니다. 그는 텍사스의 작은 교회를 섬기고 있는데, 찬양 사역자였습니다. 어느 날 목이 까끌까끌하면서 이상했는데, 점점 목소리가 줄어들더니 나중에는 아예 목소리가 나오지 않았습니다. 찬양도 할 수 없고, 설교도 할 수 없어서 사표를 냈습니다. 이후 3년 동안 63명의 의사를 찾아다녔는데 치료하지 못했습니다. 나중에 세계 최고의 이비인후과 세미나에 가서 진찰을 받아 보았더니 바이러스에 의해서 성대의 신경이 파손되었다고 했습니다. 회복 불가능 판정을 받았습니다.

그런데 바로 그때 이전에 섬겼던 휴스턴제일침례교회에서 성경 공부를 부탁받았습니다. 목소리가 나오지 않는 상태였지만 특수 마이크를 써서 소리를 증폭시키면 쇳소리가 많이 나더라도 조그맣게 설교를 할 수는 있었습니다. 그래서 양해를 구했더니 괜찮다고, 목사님 설교를 꼭 듣고 싶다고 해서 가서 설교를 했습니다.

특수 설계가 된 마이크를 앞에 두고 시편 103편을 읽었습니다. "네 생명을 파멸에서 속량하시고"(시 103:4). 이 말씀을 읽은 후 "우리 모두는 파멸을 당할 때가 있습니다"라고 말했습니다. 그런데 '파멸'이라는 단어를 말하는 순간, 갑자기 목이 뻥 뚫리는 느낌이 들면서 목소리가 나오기 시작했습니다. 완전히 회복된 것입니다. 회중이 박수하고 소리를 지르며 야단이었습니다. 그의 아내는 눈물을 흘렸습니다. 기적적으로 목이 치유된 것입니다.

병원에 갔더니 목소리가 완벽하게 회복되었다고 했습니다. 게

다가 흉터도 깨끗하게 사라졌다는 것입니다. 의사는 이렇게 말했습니다. "목소리가 회복된 것도 우연일 리는 없지만, 혹 이것이 우연이라 할지라도 흉터까지 없어진 것은 의학적으로 설명할 길이 없습니다." 기적이었습니다. 이처럼 주님은 우리가 상상도 못할 기적으로 역사하셔서 우리의 기도에 응답하실 때가 있습니다. 죽은 자를 살리시는 주님이 우리와 함께 계십니다. 어떤 문제든지 고민하지 말고 주님께 아뢰십시오. 주님이 응답해 주십니다.

그러나 항상 우리가 원하는 대로 하나님이 역사하시는 것은 아닙니다. 때로는 마리아와 마르다가 괴로운 시간을 보낸 것처럼, 하나님이 역사하지 않으실 때도 있습니다.

더글러스 그루타이스 교수님의 이야기도 리 스트로벨의 책에 소개되어 있습니다. 덴버신학대학교의 교수입니다. 아주 유능한 신학자로서 무신론자와의 변론에서 많은 승리를 해 교회 발전에 큰 공헌을 한 교수인데, 그의 아내 레베카는 섬유근육통이라는 질병으로 굉장히 고통스러워했습니다. 아내는 그 병과 연관되어서 서서히 치매 현상이 일어났습니다. 명석했던 아내가 점점 모든 기능을 잃어 가는 모습을 지켜보면서 그는 고통스러웠습니다. 아내와 함께 하나님께 간절히 기도했습니다. 그러나 하나님이 고쳐 주지 않으셨습니다. 하나님께 서원하기도 했습니다. 그러다 낙심되기도 했습니다. 그러나 또다시 믿음을 가지고 기도했습니다.

그런 가운데 어느 날 둘이 함께 앉아 있다가 그가 아내에게 말했습니다. "여보, 우리 건배합시다." 아내가 "무엇을 위해서요?"라고 묻자 그는 "새 하늘과 새 땅을 위하여! 부활의 새 몸을 위하여!"라고 말했습니다. 둘은 함께 행복한 시간을 보냈지만, 그 순간만큼 천국을 간절히 사모하고 부활의 새 몸을 소망한 적은 없었습니다. 그 순간 "애통하는 자는 복이 있나니 그들이 위로를 받을 것임이요"(마 5:4)라는 주님의 말씀이 이해되었습니다. 그날 한없는 주님의 위로를 받았기 때문입니다.

"주께는 하루가 천 년 같고 천 년이 하루 같다"(벧후 3:8)고 성경은 말합니다. 그러나 우리 주님은 우리가 고통당할 때 "괜찮아. 이 세상은 잠깐이면 지나가. 곧 영원한 천국이 시작될 테니 조금만 참아. 그 고통 별것 아니야"라고 말씀하지 않으십니다. 우리가 고통당할 때 주님은 우리 곁에서 함께 울어 주시고 위로해 주십니다.

그러나 주님은 때로 애통을 통하지 않고는 주실 수 없는 귀한 복이 있기에 우리에게 고난을 허용하십니다. 마리아와 마르다의 고난이 의미 없는 고난이 아니었듯이, 지금 우리가 당하는 고난 역시 당장은 이유를 알 수 없지만 하나님께는 다 의도가 있을 것입니다.

그러므로 다 이해하지 못한다 할지라도 하나님을 신뢰하고, 내 뜻대로 안 된다 할지라도 주님의 뜻이 내 뜻보다 더 좋음을 믿고 주님을 따라가야 합니다. 부활 신앙을 가진 삶을 살아갑시다.

예수님만 따라가면
천국에 도착합니다

요한복음 14:1-6, 19:17-30

우리를 천국으로
인도하는 길이 있습니다

20세기 최고의 선교사로 불리는 스탠리 존스(E. Stanley Jones) 목사님이 한번은 울창한 밀림 속에 있는 오지 마을에서 선교하고 돌아오는 길에 그만 길을 잃어버리고 말았습니다. 아무리 기억을 더듬어서 찾으려 애를 썼지만 도무지 길이 보이지가 않았습니다. 그때 어디선가 이상한 소리가 들렸습니다. 가서 보니 원주민 한 명이 톱으로 나무를 베고 있었습니다. 그는 반가워서 "이보시오, 내가 길을 잃었는데 마을로 가는 길을 가르쳐 주지 않겠소?" 하고 부탁했습니다. 원주민은 뒤도 돌아보지 않고 "기다리시오"라고 말한 후 계속해서 나무를 벴습니다. 할 수 없이 계속 기다렸습니다. 불안하고 초조한 마음으로 4시간이나 기다렸습니다.

어둑해질 무렵 원주민이 나무하기를 그치고 "나를 따라오시오" 하고는 성큼성큼 걷기 시작했습니다. 얼마나 발걸음이 빠른지 뒤처지지 않으려고 애를 쓰면서 따라갔습니다. 그런데 계속 밀림 속으로 들어가는 것입니다. 아무리 들어가도 길이 나타나지 않았습니다. 그는 견디다 못해 물었습니다. "도대체 길은 어디 있는 것이오?" 그때 원주민이 대답했습니다. "여기서는 길이 따로 없습니다. 내가 곧 길입니다. 믿고 따라오시오." 선택의 여지가 없어 믿고 따라갔더니 한참 후에 마을이 보였습니다.

예수님이 이 원주민과 비슷한 말씀을 본문인 요한복음 14장에서 하셨습니다. 최후의 만찬 후에 제자들은 예수님이 자신들을 떠날 것이라고 하신 말씀을 듣고 몹시 불안했습니다. 이때 예수님은 두려워하는 그들에게 천국에 대해서 말씀하셨습니다. "너희는 마음에 근심하지 말라 하나님을 믿으니 또 나를 믿으라 내 아버지 집에 거할 곳이 많도다 그렇지 않으면 너희에게 일렀으리라 내가 너희를 위하여 거처를 예비하러 가노니 가서 너희를 위하여 거처를 예비하면 내가 다시 와서 너희를 내게로 영접하여 나 있는 곳에 너희도 있게 하리라 내가 어디로 가는지 그 길을 너희가 아느니라"(요 14:1-4).

주님의 말씀을 듣고 도마가 질문했습니다. "주께서 어디로 가시는지 우리가 알지 못하거늘 그 길을 어찌 알겠사옵나이까"(요 14:5). 이에 예수님은 "내가 곧 길이요 진리요 생명이니 나로 말미암지 않고는 아버지께로 올 자가 없느니라"(요 14:6)라고 말씀해 주셨습니다.

여기서는 특별히 '길'이라는 단어에 집중하고자 합니다. 길은 우리를 목적지로 인도합니다. 길만 따라가면 목적지에 도달할 수 있습니다. '일산'이라고 쓰인 이정표를 보고 일산으로 가는 길을 따라가면 일산이 나옵니다. 그렇다면 우리의 목적지는 어디입니까? 풍요로운 삶입니까? 건강한 삶입니까? 편안하고 안전한 노후입니까? 그것은 휴게소쯤은 될 수 있을지 몰라도 종착역은 아닙니다. 그러면 죽음입니까? 모든 사람이 다 죽지만, 죽음이 종착역은 아닙니다. 죽음 이후에 심판이 있고, 그 후에 영원한 천국과 영원한 지옥으로 갈라집니다. 우리가 가야 할 종착역은 천국 아니면 지옥입니다. 천국에 가지 못하면 지옥에 갈 수밖에 없는 것이 우리의 운명입니다. 지금 어디를 향해 가고 있습니까?

천국은 하나님 아버지 집입니다. 하나님의 자녀만 갈 수 있는 곳이 천국이라는 의미입니다. 우리는 하나님의 자녀입니까? 우리가 어떻게 하나님의 자녀가 되었습니까? "영접하는 자 곧 그 이름을 믿는 자들에게는 하나님의 자녀가 되는 권세를 주셨으니 이는 혈통으로나 육정으로나 사람의 뜻으로 나지 아니하고 오직 하나님께로부터 난 자들이니라"(요 1:12-13). 하나님이 예수 그리스도를 믿는 사람, 예수 그리스도를 구주로 영접하는 사람에게 하나님의 자녀가 되는 권세를 주셨다고 성경은 말합니다. 왜 예수님을 믿으면 하나님의 자녀가 됩니까? 바로 예수님이 우리를 하나님의 자녀가 되는 '길'로 이끌어 주시기 때문입니다.

십자가는
주님 주신 길입니다

예수님은 "나는 길이다"라고 말씀하셨습니다. '나는 무엇이다', 즉 '에고 에이미'는 하나님의 자기 표현 방식입니다. 예수님은 곧 하나님이십니다. 그런데 하나님이 왜 사람이 되어서 십자가에 못 박혀 죽으셨습니까? 예수님이 친히 천국 가는 길이 되어 주셔서 우리를 천국으로 인도하시기 위해서입니다.

그렇다면 우리가 믿는 예수님은 어떤 분이십니까? 예수님은 단순한 스승이나 성자가 아니십니다. 우리가 믿는 예수님은 나를 위해 십자가에 못 박혀 죽으신 분입니다. 그러면 예수님의 십자가는 우리에게 무슨 의미가 있을까요?

십자가, 천국으로 인도하는 길

첫째, 예수님의 십자가는 우리를 천국으로 인도하는 길입니다. "내 아버지 집에 거할 곳이 많도다 그렇지 않으면 너희에게 일렀으리라 내가 너희를 위하여 거처를 예비하러 가노니 가서 너희를 위하여 거처를 예비하면 내가 다시 와서 너희를 내게로 영접하여 나 있는 곳에 너희도 있게 하리라"(요 14:2-3).

예수님과 하나님 아버지가 함께 계신 천국은 의의 나라로서, 죄인은 들어갈 수가 없습니다. 죄가 없으려면 죄를 짓지 않으면 됩니다. 그러나 죄를 짓지 않아서 죄가 없는 사람은 이 세상에 아무도 없습니다. 현실적으로 불가능합니다. 그러면 나머지 방법은 하나뿐입니다. 죄를 용서받는 길밖에 없습니다. 죄를 용서받는다는 것은 그 죗값을 용서하는 사람이 지불한다는 의미입니다.

예를 들어 보겠습니다. 가난한 고학생이 등록금을 마련하기 위해서 밤에 대리운전을 했습니다. 외제 승용차를 운전하다가 좁은 골목길에서 그만 차 옆면을 긁고 말았습니다. 못해도 수백만 원의 수리비가 나오게 생겼습니다. 학생이 쩔쩔매며 어쩔 줄 몰라 하고 있는데, 차 주인이 "학생이 무슨 돈이 있어서 갚겠나? 일부러 그런 것이 아니니 용서해 주겠네"라고 말했습니다. 이 말의 뜻은 차 수리비를 차 주인이 내겠다는 것입니다.

하나님이 우리의 죄를 용서해 주신다는 것이 무슨 뜻입니까?

우리가 치러야 할 죗값을 하나님이 대신 지불하시겠다는 의미입니다. 요한복음 19장에는 예수님이 십자가에 못 박히신 장면이 기록되어 있습니다. 마지막 순간, 예수님은 "다 이루었다"(요 19:30)라고 말씀하시고 운명하셨습니다. '다 이루었다'(테텔레스타이)라는 말의 뜻은 예수님이 우리의 죗값을 다 지불하셨다는 의미입니다. 우리의 죗값을 완불하신 것입니다.

죄의 삯은 사망입니다. 그러므로 우리는 죽음으로만, 피로만 죄 사함을 받을 수 있습니다. 예수님이 십자가에 못 박혀 피 흘려 죽으심으로 친히 우리를 천국으로 인도하는 길이 되어 주신 것입니다.

우리는 예수님의 십자가 피가 있기에 하나님의 자녀가 되어 천국에 들어갈 수 있습니다. 예수님의 십자가는 천국으로 인도하는 길입니다.

십자가, 나를 위한 길

둘째, 예수님의 십자가는 나를 위한 길입니다. "예수께서 이르시되 내가 곧 길이요 진리요 생명이니 나로 말미암지 않고는 아버지께로 올 자가 없느니라"(요 14:6). 길을 통해 목적지로 갈 때 그 길은 의미가 있습니다. 한편 길이 있은들, '이 길이 목적지를 향한 길이다'라는 사실을 안들 실제적으로 그 길을 걷지 않는 자에게 그 길은 아무 의미가 없습니다. 길은 그 길을 밟고 걸어가는 자에게 의미가 있습니다. 길을 간다는 것은 곧 길을 밟고 간다는 뜻이지 않습니까. 그러므로 예수님이 길이시라면 우리는 예수님을 밟고 천국을 향해 가고 있다는 의미입니다.

프랑스 파리는 인구 밀도가 매우 높아서 건물을 아주 밀집하게 지은 곳이 많습니다. 그처럼 빽빽한 한 다세대 주택 5층에서 불이 났습니다. 그 집에는 아버지와 9살, 7살, 5살짜리 세 자녀가 있었습니다. 밑에서 불길이 올라왔습니다. 더 이상 도망할 곳이 없었습니다. 한 가지 방법은 창문을 통해서 옆 건물로 피신하는 것인데, 건물과 건물 사이가 1.5m 정도 떨어져 있었습니다. 어른이라면 문제없이 건너뛸 수 있겠지만, 어린아이들에게는 무리였습니다.

그때 아버지가 몸을 굽혀 옆 건물의 난간을 잡았습니다. 자신의 몸이 사다리가 되어서 아이들을 건너가게 했습니다. "빨리 내 등을 타고 건너편 건물로 들어가!" 떨리는 발걸음으로 첫째가 지나가고, 막내가 지나가고, 둘째가 마지막으로 지나갔을 때 불길이 아버지를 덮쳤습니다. 아버지는 땅에 떨어져 죽었습니다. 그 죽음의 결과로 세 아이는 살았습니다. 아버지가 세 자녀를 위한 생명 길이 되어 주었기 때문입니다. 아이들은 길이 되어 준 아버지를 밟고 갔기에 살 수 있었습니다.

왜 아버지는 이런 선택을 했을까요? 이유는 단 하나, 자신의 생명보다 자녀들의 생명을 더 사랑하기 때문입니다. 왜 예수님이 나를 위해서 죽으셨습니까? 이유는 단 하나, 예수님이 우리를 예수님 자신의 생명보다 더 사랑하시기 때문입니다. 우리는 날마다 십자가에 못 박히신 그 예수님을 밟고, 예수님을 길 삼아 천국으로 가고 있는 것입니다.

그렇다면 지금 우리는 정말 천국을 향해 가고 있습니까? 한번 확인해 볼 필요가 있지 않을까요? 확인할 방법을 알려 드리겠습니다. 이사야 53장 5-6절에서 '우리'라는 단어 대신에 자기 이름을 넣어서 읽어 보십시오. "그가 찔림은 우리[내 이름]의 허물 때문이요 그가 상함은 우리[내 이름]의 죄악 때문이라 그가 징계를 받으므로 우리[내 이름]는 평화를 누리고 그가 채찍에 맞으므로 우리[내 이름]는 나음을 받았도다 우리[내 이름]는 다 양 같아서 그릇 행하여 각기 제 길로 갔거늘 여호와께서는 우리 모두[내 이름]의 죄악을 그에게 담당시키셨도다."

자기 이름을 넣어서 말씀을 읽을 때 마음속에 아무런 거리낌이 없습니까? 이 말씀이 100% 믿어집니까? 예수님이 내 죄를 대신해 나 때문에 죽으셨다고 고백할 수 있습니까? 이제 예수님의 피로 내 모든 죄가 깨끗하게 해결되었음을 믿습니까? 그렇다면 예수님의 십자가를 통해 천국을 향하여 가고 있는 자가 맞습니다. 예수님의 십자가는 나를 천국으로 인도하는 길입니다.

이제 십자가의 사랑을 믿는 자라면 어떻게 살아야겠습니까?

십자가의 사랑을 믿는 자가, 십자가를 밟고 천국을 향해 가고 있는 자가 "하나님, 정말 저를 사랑하시는 것 맞습니까?"라고 물을 수 있을까요? 나를 위해 십자가에 못 박히신 예수님을 밟고 지나가면서 "예수님, 저를 사랑하시는 것 맞아요?"라고 질문할 수 있겠습니까? 앞서 화재 사건 이야기에서 아버지의 등을 밟고 건너편 건물로 가던 아이가 아버지더러 "아버지, 저를 사랑하시는 것 맞아요?"라고 질문할 수 있겠습니까?

십자가 앞에서 우리는 하나님의 사랑을 도무지 의심할 수 없습니다. "자기 아들을 아끼지 아니하시고 우리 모든 사람을 위하여 내주신 이가 어찌 그 아들과 함께 모든 것을 우리에게 주시지 아니하겠느냐"(롬 8:32). 예수님의 십자가가 나를 위한 죽음이라고 고백하는 사람이라면 예수님을 주신 하나님께 "아버지 하나님, 하나님이 제게 주신 것은 다 사랑입니다"라고 고백할 수밖에 없을 것입니다. 때로 이해되지 않지만, "건강도 질병도, 성공과 실패도 아버지께서 주신 것이라면 다 사랑임을 믿습니다"라고 기도하고 범사에 감사할 것입니다.

그 고백을 하나님께 드릴 수 있는 이유가 부요함 때문입니까? 건강 때문입니까? 형통 때문입니까? 아닙니다. 그런 것과 전혀 상관없습니다. 예수님을 믿고 구원받았기 때문에, 십자가의 길을 걸을 수 있는 신앙의 자유가 주어졌기 때문에 하나님께 감사하는 것입니다.

우리 각자의 삶의 모습은 모두 다릅니다. 하지만 분명한 것은 우리 모두는 구원받았고, 우리 모두는 십자가 길을 통해 천국을 향하여 가고 있는 자들이라는 사실입니다. 우리는 예수님의 보혈로써 구원받은 자들입니다.

포도나무에 붙어 있으면 열매를 맺습니다

요한복음 2:1-11, 15:1-11

모자람의 문제를 넘어
풍족히 살 수 있습니다

요한복음 2장에서 일어난 잔칫집에 포도주가 떨어진 일은 이스
라엘에서는 큰일입니다. 우리나라 전통적인 잔칫집에서 식혜가
동이 난 것과 비슷한 상황일 것입니다. 도저히 문제를 해결할 길
이 없자 예수님의 어머니 마리아가 예수님께 문제를 갖고 왔습
니다. "저들에게 포도주가 없다"(요 2:3). 그때 예수님이 하인들에
게 내리신 지시는 "항아리에 물을 채우라"(요 2:7)라는 것이었습니
다. 하인들이 명령을 따라 항아리 아귀까지 물을 채우자 예수님

이 "이제는 떠서 연회장에게 갖다 주라"(요 2:8)고 하셨습니다. 하인들이 연회장에게 갖다 주었더니 물이 극상품의 포도주로 바뀌어 있었습니다. 하나님의 말씀에 순종함으로써 모자람의 문제가 해결되고 큰 기쁨의 잔치가 계속될 수 있었다는 내용입니다.

요한복음 15장에는 예수님이 "나는 포도나무요 너희는 가지라"(요 15:5)라고 선언하시는 말씀이 나옵니다. 예수님과 우리의 관계는 생명적 관계라는 뜻입니다. 가지는 원줄기에 붙어 있어야 살 수 있지 떨어져 나가면 죽습니다. 그리고 예수님과 우리의 관계는 하나라는 의미이기도 합니다. 예수님 따로, 나 따로가 아닙니다. 마치 부부가 둘이지만 하나인 것처럼, 예수님과 우리는 포도나무와 가지처럼 하나의 생명입니다.

그리고 여기서 예수님은 하나님을 농부로, 예수님 자신을 포도나무로, 우리를 가지로 표현하셨습니다. 농부는 나무가 풍성한 열매를 맺기를 바랍니다. 그런데 만약 나무가 풍성한 열매를 맺지 못하면 농부는 나름대로 대책을 세웁니다. 쓰러진 나무를 일으켜 세우고, 잎만 무성하고 잔가지가 너무 많으면 가지를 쳐 줍니다(이것을 '전지한다'고 표현합니다). 농부는 포도나무를 전지해서 열매가 풍성하게 맺히도록 합니다.

"무릇 내게 붙어 있어 열매를 맺지 아니하는 가지는 아버지께서 그것을 제거해 버리시고 무릇 열매를 맺는 가지는 더 열매를 맺게 하려 하여 그것을 깨끗하게 하시느니라"(요 15:2). 하나님은 열매를 맺지 않는 가지는 제거해 버리시고, 열매를 맺는 가지는 더 열매를 맺게 하시려고 전지를 하십니다.

여기서 '제거한다'는 단어는 헬라어로 '아이로'인데, 크게 두 가지 뜻이 있습니다. 하나는 '들어 올리다'이고, 또 하나는 '제거하다'입니다. 쓰러져 있는 포도나무는 지주를 세워 일으켜 놓으면 많은 열매를 맺습니다. 그런데 가지가 땅과 너무 밀착되어 있으면 들어 올릴 때 끊어지는 수가 있습니다. 들어 올려서 살아남으면 풍성한 열매를 맺는 가지가 되고, 들어 올릴 때 그만 끊어져 버리면 제거되는 것입니다. 하나님의 말씀을 듣고 회개하면 풍성한 열매를 맺는 가지가 될 수 있고, 하나님의 말씀을 듣고도 회개하지 않으면 제거될 수밖에 없다는 말씀인 것입니다.

가지마다 탐스러운 포도송이가 주렁주렁 달려 있는 포도나무를 상상해 보십시오. 풍성한 열매를 맺는 포도나무를 보면 농부이신 하나님도 기쁘시고, 나무 되신 예수님도 기쁘시고, 가지 된 우리도 기쁩니다. 그래서 예수님의 기쁨이 우리의 기쁨이 되고, 하나님의 기쁨이 우리의 기쁨이 되어서 모두가 행복하고 풍족한 삶을 살게 됩니다. 이것이 하나님이 우리를 향하여 계획하신 삶입니다.

이런 삶을 살기 원합니까? 모자람의 인생에 만족할 수는 없지 않겠습니까. 부족한 사랑, 부족한 건강, 부족한 물질에 만족하며 살 수는 없습니다. 우리는 하나님이 계획하신, 우리를 향한 풍성한 삶을 소원하고 추구해야 합니다. 그렇다면 어떻게 해야 풍성한 삶, 모자람에서 해방되어 열매가 가득한 삶을 살 수 있을까요?

비결은 단 하나,
예수님 안에 거하기

비결은 단 하나입니다. 예수님 안에 붙어 있으면 됩니다. 예수님 안에 거하면 모든 문제가 해결됩니다. 모자람의 문제가 생겼을 때 예수님께 문제를 가져가고, 예수님의 말씀대로 순종하면 예수님이 우리가 원하는 대로 해결해 주십니다.

그러면 '예수님 안에 있다', '예수님 안에 거한다'는 말이 무슨 뜻이겠습니까? 실질적으로 이 말이 무슨 의미인지 알기 위해서는 요한복음 15장 5절과 7절을 비교해 볼 필요가 있습니다. "나는 포도나무요 너희는 가지라 그가 내 안에, 내가 그 안에 거하면 사람이 열매를 많이 맺나니 나를 떠나서는 너희가 아무것도 할 수 없음이라"(요 15:5). "너희가 내 안에 거하고 내 말이 너희 안에 거하면 무엇이든지 원하는 대로 구하라 그리하면 이루리라"(요 15:7).

예수님은 5절에서는 "그가 내 안에, 내가 그 안에"라고 말씀하셨는데, 7절에서는 "너희가 내 안에 거하고 내 말이 너희 안에 거하면"이라고 말씀하셨습니다. '내가'가 '내 말이'로 바뀌었습니다. 즉 '예수님'과 '예수님의 말씀'이 같다는 뜻입니다. 그러므로 우리가 '예수님 안에 거한다'는 말은 '예수님의 말씀 안에 거한다'는 의미입니다. 예수님의 말씀이 내 속에 들어와 있으면 우리가 예수님 안에 있게 되고 예수님을 모시고 사는 것과 같다는 뜻입니다.

그런데 4절을 보면 예수님이 "내 안에 거하라 나도 너희 안에 거하리라"라고 말씀하셨는데, 마치 주도권이 우리에게 있는 것처럼 표현되어 있습니다. 정말 그렇습니까? 예수님과 우리의 관계에서 우리가 주도권을 갖고 있는 것입니까? 그럴 리 없습니다. 이 말의 뜻을 알기 위해서는 예수님과 우리의 관계를 남편과 아내의 관계에서 해석해 보아야 합니다.

남녀가 더 깊은 사랑의 관계에 들어가려면 대부분은 처음에 남자가 프로포즈합니다. 그때 여자가 그 뜻을 받아들여야 합니다. 만약 받아들이지 않으면 남자의 짝사랑으로 끝나고 맙니다. 이처럼 하나님의 말씀은 기록되어서 이미 우리에게 주어져 있습니다. 이제는 우리가 말씀을 읽고 받아들여야 주님과의 관계가 더 깊어질 수 있습니다. 그런데 우리가 성경을 읽지 않으면 관계는 거기서 끝나고 맙니다.

성경을 읽으면 예수님의 뜻을 알 수 있는데, 때로는 예수님의 뜻이 내 뜻과 다릅니다. 그러면 예수님의 말씀을 읽지 않습니다.

읽으면 마음이 불편하기 때문입니다. 그러면 관계는 끝나 버립니다. 예수님의 뜻을 받아들이려면 내 뜻을 바꿔야 합니다. 내 뜻을 버리고 예수님의 뜻을 받아들이는 것을 다른 말로 '복종', '순종'이라고 표현합니다. 이제 우리는 말씀을 읽을 때마다 남편과 아내의 사랑의 관계에서 해석하고 읽어야 합니다.

존 비비어(John Bevere) 목사님이 한번은 조용히 기도하고 있는데, 성령이 "요한복음 14장 15절을 읽어라" 하고 말씀하셨습니다. 말씀을 찾아서 읽어 보았습니다. "너희가 나를 사랑하면 나의 계명을 지키리라."

말씀을 읽은 후 목사님은 이렇게 결론 내렸습니다. '하나님의 말씀을 지킴으로 내가 하나님을 사랑한다는 것을 입증할 수 있겠구나.' 그런데 그때 성령이 조용히 말씀하셨습니다. "너는 말씀의 본뜻을 이해하지 못했다. 다시 읽어라." 그래서 다시 읽었습니다. 그런데 다시 읽어도 그대로였습니다. 성령이 "여전히 이해하지 못했다. 다시 읽어라" 하고 말씀하셨습니다. 또 읽었습니다. 일곱 번, 여덟 번 계속 읽었으나 성령이 본문의 뜻을 이해하지 못했다며 다시 읽으라고 말씀하셨습니다.

나중에는 스스로에게 화가 났습니다. "하나님, 이 종이 미련해서 하나님의 뜻을 깨닫지 못하고 있습니다. 제게 뜻을 가르쳐 주십시오"라고 기도하고는 다시 읽었습니다. 그때 영어 성경 각주에 있는 내용이 눈에 띄었습니다. 내용은 이러했습니다. "'나를 사랑하면 나의 계명을 지키리라'(You will keep)는 '나를 사랑하면 나의 명령을 지켜라'라는 명령형이 아니고, '나를 사랑하면 나의 명령을 지키게 될 것이다'라는 뜻이다."

그 순간 존 비비어 목사님은 그 말씀의 뜻을 깨달았습니다. 하나님과 우리 사이는 율법적 관계, 실천함으로 사랑을 입증해야 하는 관계가 아닙니다. 주님과 사랑에 빠지면 즐거운 마음으로 하나님의 계명을 지키게 됩니다.

한 임신한 아내가 입덧을 심하게 했습니다. 어느 날 밤 10시가 넘었는데 갑자기 냉면이 먹고 싶어져 남편에게 말했습니다. "여보, 나 냉면이 먹고 싶어. 우리가 늘 가던 골목에 있는 그 단골집 냉면이 먹고 싶네." 그 말을 들은 남편이 "늦은 시간이라 문 닫았을 텐데" 하면서도 혹시나 하는 마음에 가 보았더니 마침 가게 불을 끄고 문을 닫기 직전이었습니다. 남편이 사정을 이야기하고 냉면 한 그릇만 만들어 달라고 부탁하자 마음씨 좋은 주인아주머니가 흔쾌히 승낙했습니다. "나도 입덧하는 그 심정 알지요. 단골 좋다는 게 뭡니까?" 그러고는 냉면 한 그릇을 만들어 주었습니다.

기다리고 있는 아내에게 서둘러 달려가 냉면을 갖다 주었더니 한동안 입덧으로 고생하던 아내가 모처럼 맛있게 먹었습니다. 그 모습을 보면서 남편도 행복했습니다.

만약 누군가가 그 남편에게 "그때 힘들었어요? 창피했어요?"라고 묻는다면 그가 어떻게 대답하겠습니까? "아니오! 조금도 힘들지 않았습니다. 조금도 창피하지 않았습니다. 그것은 기쁨이었습니다." 아마도 이렇게 말할 것입니다.

하나님을 사랑하면 하나님의 말씀을 읽고 그 말씀의 뜻을 내 뜻으로 받아들이는 일이 힘들지 않습니다. 사랑하면 내 뜻보다는 사랑하는 사람의 뜻이 더 중요하게 여겨져 기꺼이 내 뜻을 꺾게 됩니다. 그것이 바로 사랑의 관계입니다. 그래서 사랑하는 사람을 위해서 목숨까지 버릴 수 있는 것입니다.

이처럼 우리는 주님과 우리의 관계를 항상 남편과 아내의 사랑의 관계로 생각할 필요가 있습니다. "이는 남편이 아내의 머리 됨이 그리스도께서 교회의 머리 됨과 같음이니 그가 바로 몸의 구주시니라 그러므로 교회가 그리스도에게 하듯 아내들도 범사에 자기 남편에게 복종할지니라 … 그러므로 사람이 부모를 떠나 그의 아내와 합하여 그 둘이 한 육체가 될지니 이 비밀이 크도다 나는 그리스도와 교회에 대하여 말하노라"(엡 5:23-24, 31-32). 바울은 에베소 교회에 보내는 편지에서 남편과 아내의 관계를 말하면서 이것이 곧 그리스도와 교회의 관계라고 말했습니다.

주님과 우리의 관계는 남편과 아내의 관계입니다. 우리가 예수님의 뜻에 기꺼이 복종할 때 예수님은 우리에게 자신의 생명을 아낌없이 주십니다. 그래서 주님의 뜻을 따르면, 주님의 말씀이 우리 안에 거하면 "무엇이든지 원하는 대로 구하라 그리하면 이루리라"(요 15:7)라고 예수님이 말씀하셨습니다. 남편은 자신에게 순종하는 아내에게 아까워할 것이 없습니다. 그래서 우리가 기쁨으로 주님의 말씀을 읽고, 기쁨으로 주님의 말씀에 순종하면 주님은 우리에게 필요한 모든 것을 넉넉히 공급해 주십니다. 그러면 모든 모자람에서 해방되어 기쁨으로 충만한 삶을 살 수 있게 됩니다.

예수님 안에 거하기
= 말씀을 힘써 읽는 것

또 하나 우리가 기억할 것은 예수님 안에 있으면 모든 문제가 해결되는데, 예수님 안에 거하는 일이 저절로 이루어지지는 않는다는 것입니다. "내 안에 거하라"라는 예수님의 말씀은 명령형입니다. 명령형이라는 것은 저절로 되는 일이 아니라는 의미입니다. 그러므로 우리는 예수님 안에 거하기를 힘써야 합니다.

쉽게 표현하면, 예수님의 말씀을 받아들이는 것은 곧 성경을 읽는 것을 의미하기에, 성경을 읽는 일은 저절로 되는 일이 아니라는 뜻입니다. 가만히 있는데 '아, 성경 읽고 싶다. 성경을 읽고 싶어서 못 견디겠어' 이런 생각이 들 수 있을까요? 물론 처음 예수님을 믿을 때나 성령 충만할 때 순간순간 그런 경험이 있겠지만 늘 그런 사람은 거의 없습니다. 타락한 본성을 가진 인간은 TV 연속극을 보는 것이 성경 읽기보다 재미있습니다. 그래서 연속극을 볼 시간은 있어도 성경 읽을 시간은 없는 경우가 얼마나 많습니까.

그때 의도적으로 성경 읽기에 힘써야 합니다. 마귀가 성경을 읽지 못하게 방해할 때 그 방해를 뚫고 억지로라도, 의지적으로 성경을 읽기로 결단해야 하는 것입니다. 이것은 영적 싸움입니다. 그래서 우리가 예수님 안에 거해야 예수님이 우리 안에 거하시는 것입니다. "내 안에 거하라. 그리하면 나도 너희 안에 거하겠다"라는 말씀은 다시 말해 "성경을 읽어라. 성경 말씀을 받아들여라. 그리하면 내가 너를 변화시켜 주겠다"라는 약속입니다. 우리가 힘써 성경을 읽으면 성경 말씀이 우리를 변화시킵니다.

이를 위해서는 우리 마음속에 '하나님의 말씀을 행하지 못하면 어떻게 하나?'라는 거룩한 부담감이 있어야 합니다. 누군가를 정말 사랑하면 사랑하는 사람의 마음이 다칠까 봐 두려운 생각이 듭니다. 그의 뜻을 제대로 이해하지 못해서 잘못 행동할까 봐 걱정됩니다. 그래서 정말 하나님을 사랑한다면 하나님의 말씀 읽기를 힘써야 합니다. 만약 하나님의 말씀을 읽지 않으면 우리의 삶은 방향을 잃기 쉽습니다.

앞서 소개한 존 비비어 목사님은 《GOOD or GOD? 무엇이 선인가》(두란노, 2015)에서 한 텔레비전 전도자를 만난 경험을 소개했습니다. 1980년대에 세계적으로 유명한 텔레비전 전도자였던 그는 그만 타락하고 말았습니다. 간통죄와 사기죄를 범해서 5년형을 선고받았습니다. 이후 감옥에서 회개했고, 존의 책을 읽고 큰 은혜를 받아 "당신을 꼭 만나고 싶습니다"라는 내용의 편지를 보냈습니다.

존이 면회를 갔는데, 그 사람이 껴안고 한참을 울었습니다. 그러고는 물었습니다. "이 책 당신이 직접 썼습니까? 대필시킨 것입니까?" 존이 직접 썼다고 답하자 그는 "그렇습니까? 당신 책을 통해 제가 많은 은혜를 받았습니다. 그래서 저는 이제 확신합니다. 이 사건은 하나님의 심판이 아니고 하나님의 은총입니다. 만약 이 사건이 없었다면 아마 저는 죄 속에 빠져서 지옥에 가고 말았을 텐데, 하나님이 저를 사랑하셔서 제게 이 시련을 주신 것입니다"라고 고백했습니다.

한동안 이야기를 주고받다가 존은 이런 생각이 들었습니다. '주님을 뜨겁게 사랑했던 사람인데, 어쩌다 이렇게 변했는가? 언제부터 사랑이 식었는가?' 그래서 조심스럽게 물었습니다. "언제부터 주님을 향한 당신의 사랑이 식기 시작했습니까?" 그때 그가 정색을 하면서 말했습니다. "그런 적은 없었습니다." 자신은 이 사건이 계속되는 동안 예수님을 사랑하지 않은 적이 한 번도 없다고 했습니다.

존이 반박하며 물었습니다. "아니, 말이 됩니까? 당신은 간통죄와 사기죄를 범했는데 예수님을 사랑한다면서 어떻게 그럴 수 있습니까?" 그때 그가 이렇게 답했습니다. "그것은 사실입니다. 저는 예수님을 사랑했습니다. 그러나 두려워하지는 않았습니다." 그리고 이어서 말했습니다. "세상에 저와 같은 사람이 많이 있습니다. 많은 사람이 그리스도를 사랑하지만 그리스도를 두려워하지 않습니다."

상대방의 마음을 알지 못할까 봐, 상대방의 마음을 다치게 할까 봐, 상대방을 기쁘게 하지 못할까 봐 두려워하는 거룩한 두려움이 없는 사랑이 진정한 사랑일까요? 만약 여기에 '사랑'이라는 표현을 꼭 써야 한다면 그것은 '병든 사랑'일 것입니다. 우리가 정말 주님을 사랑한다면 주님을 두려워할 줄 알아야 합니다.

성경은 분명히 하나님을 사랑하라고 명령합니다. "너는 마음을 다하고 뜻을 다하고 힘을 다하여 네 하나님 여호와를 사랑하라"(신 6:5). 그러나 동시에 성경은 우리에게 하나님을 두려워하라고 명령하고 있습니다(벧전 1:13-17). "그런즉 사랑하는 자들아 이 약속을 가진 우리는 하나님을 두려워하는 가운데서 거룩함을 온전히 이루어 육과 영의 온갖 더러운 것에서 자신을 깨끗하게 하자"(고후 7:1). "그러므로 나의 사랑하는 자들아 너희가 나 있을 때뿐 아니라 더욱 지금 나 없을 때에도 항상 복종하여 두렵고 떨림으로 너희 구원을 이루라"(빌 2:12).

거룩한 두려움을 가지고 살아가려면 목표가 높아야 합니다. 목표가 낮으면 그저 선한 것을 추구하는 삶에 그치고 맙니다. 선하냐, 선하지 않냐를 누가 판단합니까? 자신이 판단합니다. 그런 사람에게는 두려움이 없을 수 있습니다. 그러나 하나님의 뜻을 추구하고 하나님이 원하시는 최선의 삶을 살기 원한다면 무조건 두려움이 있을 수밖에 없습니다.

얼마 전에 청년 알파 코스를 끝냈습니다. 알파 코스 중에 가장 중요한 코너가 바로 "무엇이든 물어보세요"라는 자유 질문 시간입니다. 청년들이 질문했습니다. "목사님, 술 먹는 것이 죄가 됩니까, 안 됩니까? 예수님을 믿는 청년이 담배 피우고 나이트클럽 가는 것이 죄입니까, 아닙니까?" 제가 어떻게 대답했을까요? "그것 참 질문이 묘하구나"라고 했습니다.

이것은 마치 학생이 교수님에게 "교수님, 어떻게 하면 F학점 안 맞을 수 있나요?"라고 질문하는 것과 마찬가지입니다. 지혜로운 학생이라면 "교수님, 제가 어떻게 해야 A학점을 받을 수 있을까요?"라고 물어야 하지 않겠습니까. 만약 어떤 남편이 '오늘 몇 시까지 집에 들어가야 아내가 화를 내지 않을까?'라고 생각한다면 정말 아내를 사랑하는 것일까요? 최소한 '오늘 퇴근할 때 무슨 선물을 사 가면 아내가 기뻐할까?' 정도는 되어야 하지 않겠습니까.

마찬가지입니다. '어떻게 하면 하나님이 화내지 않으실까? 어떻게 하면 죄를 범하지 않는 삶을 살까?' 그 정도에 머물면 안 됩니다. '어떻게 하면 하나님을 더 기쁘시게 할까? 어떻게 하면 더 많은 열매를 맺을 수 있을까?' 그 관심이 우리에게 있어야 합니다.

그러면 하나님이 우리의 중심을 보시고 너무 아름다워서 모든 복을 아낌없이 부어 주십니다. 우리가 힘쓸 일은 열매 맺는 일이 아니라 주님께 붙어 있는 것입니다. 주님께 붙어 있는 것은 하나님의 말씀과 함께 있는 것입니다. 말씀을 힘써 읽으면 말씀이 우리를 변화시키고, 말씀이 우리에게 사랑과 능력과 지혜와 인내할 수 있는 힘을 공급해 주어서 모든 문제를 넉넉히 이기는 삶을 살게 됩니다.

우리가 말씀을 읽으면 말씀이 우리의 삶을 변화시킵니다. 말씀이 우리의 맹물 같은 삶을 포도주 같은 삶으로 바꾸어 줄 것입니다. 힘을 내어 열심히 성경을 읽으십시오. 예수님 안에 거하기를, 말씀 안에 거하기를 힘쓰십시오. 그래서 더 이상 모자람의 삶으로 고통당하지 말고 풍성한 기쁨과 승리를 누리기를 바랍니다. 주님께 영광 돌리고, 많은 사람에게 즐거움을 주고, 나 또한 기쁨을 누리는 놀라운 승리의 삶을 사는 복된 성도가 됩시다.

3장

지금 이 순간

천국을 향해

나아갑시다

그날을 사모하고 기억하면 성장합니다

베드로후서 3:1-18

'나도 죽는구나!'
마지막을 생각할 기회

코로나19는 우리에게 많은 어려움과 고통을 주었습니다. 하지만
한 가지 우리에게 아주 큰 유익을 주었는데, 그것은 우리의 마지
막을 생각할 수 있는 기회를 준 것입니다. 2020년 12월 현재 전
세계적으로 150만 명 이상이 죽었습니다. 권세 있는 사람도, 건강
한 사람도, 젊은 사람도 코로나19 앞에서는 맥없이 죽어 갔습니
다. 그 모습을 바라보면서 누구나 '나도 죽을 수 있겠구나' 하는
생각을 갖고 살게 된 것입니다.

중세 유럽에 페스트가 창궐했을 때 먼저 죽은 자들이 살아 있는 자들에게 유언을 남겼다고 합니다. "나 어제 너와 같았으나 너 내일 나와 같을 것이다." 죽음 앞에 누구도 예외가 없습니다. 겸허히 '나도 죽는구나' 생각하고 죽음을 준비해야 합니다.

《2050 거주 불능 지구》(추수밭, 2020)라는 과학 분야 서적이 최근 출간되었는데, 내용은 이렇습니다. 과학적인 모든 데이터를 총동원해 볼 때 살인적 폭염, 치솟는 산불, 가뭄, 마실 수 없는 공기 오염, 전염병의 창궐 등으로 지구는 더 이상 살 수 없는 행성이 되어 버렸다는 것입니다.

과학적으로 보더라도 지금은 말세입니다. 혹시 '말세'라는 말을 너무 많이 들어서 둔감해진 것인지 모르겠습니다. 하지만 오늘날은 진짜 말세지말입니다. 전 세계적으로 코로나19가 계속 확산되어 가고 있습니다. 설사 이 땅에서 코로나19가 완전히 사라진다 할지라도 모든 문제가 사라지는 것은 아닙니다. 더 무서운 전염병이 올 수도 있습니다. 그러므로 우리는 마지막을 준비해야 합니다.

우리는 부활하신 예수님의 몸처럼 강하고 영광스러운 몸을 입기를 소망합니다. 그렇다면 언제 그 몸을 입게 될까요? 바로 주님이 재림하시는 날입니다. 그날 만약 우리가 죽었다면 우리는 주님의 부활하신 몸과 똑같은 몸으로 부활할 것이고, 살아 있다면 홀연히 변화되어서 영광스럽고 아름다운 몸을 입게 될 것입니다.

그러므로 재림은 그리스도인에게 궁극적인 소망입니다. 우리는 그날을 바라보며 매일매일을 살아 나가는 것입니다.

그런데 모든 사람에게 주님이 재림하시는 날이 축복의 날일까요? 예수님을 믿는 사람, 예수 그리스도를 신랑으로 모신 자에게 그날은 축복의 날이요, 그리운 신랑을 만나는 날입니다. 그러나 예수 그리스도를 구주로 영접하지 못한 자에게 그날은 심판의 날, 재앙의 날이 될 것입니다. 그러므로 우리는 주님의 재림을 어떻게 준비해야 할지 깊이 생각해야 합니다.

베드로후서는 베드로전서 다음에 쓰였습니다. 당시 로마 황제 네로(Nero)의 박해로 대부분의 그리스도인이 숨어 지냈습니다. 그 위급한 상황에서 베드로는 성도들을 위로하기 위해 베드로전서를 썼습니다. 그리고 교회 안에 들어온 이단들에 대해 경계하기 위해 베드로후서를 기록했습니다.

당시 사람들은 주님이 재림하시는 날이 곧 올 줄 알았습니다. 주님이 승천하시고 몇 년 후, 늦어도 몇십 년 후에는 오실 것이라고 생각했습니다. 그런데 박해는 심해졌고, 주님은 오지 않으셨습니다. 그때 "예수님을 기다릴 필요 없다. 예수님은 오지 않으신다. 재림은 없다"고 주장하는 이단들이 생겨났습니다. 이처럼 흔들리는 재림 신앙을 바로잡기 위해서 베드로후서가 기록된 것입니다.

"그러나 주의 날이 도둑같이 오리니 그날에는 하늘이 큰 소리로 떠나가고 물질이 뜨거운 불에 풀어지고 땅과 그중에 있는 모든 일이 드러나리로다 이 모든 것이 이렇게 풀어지리니 너희가 어떠한 사람이 되어야 마땅하냐 거룩한 행실과 경건함으로"(벧후 3:10-11). 주의 날은 도둑같이 옵니다. 언제 올지 모릅니다. 그날은 심판의 날입니다. 회개하려면 그날이 오기 전에 해야 합니다. 재림 전에 예수님을 맞이할 준비를 해야 합니다.

주님의 재림,
나의 이야기이기에 준비해야 합니다

"어떻게 해야 재림을 잘 준비할 수 있는가?"라는 질문에 사도 베드로가 사랑하는 아시아에 있는 성도들에게 답해 준 말씀은 오늘날 우리에게 주는 말씀일 수 있습니다. 당시 성도들처럼 우리도 주님의 재림을 기다리고 있습니다. 어떻게 하면 주님의 재림을 잘 준비해서 하나님 나라에 넉넉히 들어가는 복을 받을 수 있을까요?

재림을 기억하세요. 주님은 반드시 오십니다

첫째, 재림의 약속의 말씀을 기억해야 합니다. 베드로후서 3장 1-7절에는 '생각나게 한다', '기억하게 하려 한다'는 말이 나옵니다. 하나님의 말씀을 한 번 들었다고 해서, 한 번 알았다고 해서 늘 그 말씀이 내 마음속에서 내 삶을 지키는 표준이 될 수는 없습니다. 우리는 잊어버리기 때문에 중요한 말씀을 반복해서 기억해야 합니다. 한마디로 복습해서 익혀 두고 내 삶의 힘으로 삼아야 합니다. "아는 것이 힘"이라는 말이 있지 않습니까. 그런데 알았는데 잊어버렸다면, 그것은 힘이 되지 못합니다.

전에 말씀을 들어서 알았는데, 어느 순간 잊어버렸습니다. 그러면 그 말씀은 말세를 살아가는 우리에게 힘이 될 수 없습니다. 그러면 어떻게 해야 합니까? 다시 복습해야 합니다. 바둑에는 '복기'라는 특별한 기술이 있습니다. 바둑을 다 두고 나서 자신이 둔 수를 다시 처음부터 놓아 보는 것으로, 바둑판을 가득 채운 바둑돌을 처음부터 순서 하나 틀리지 않고 복제하는 광경을 보고 있노라면 감탄이 절로 나옵니다. 그런데 바둑돌을 의미 없이 놓은 것이 아니라 하나하나 생각해서 놓았기 때문에 크게 어려운 일이 아니라고 합니다.

복기를 잘하는 사람은 바둑을 두면 둘수록 똑같은 실수를 반복하지 않게 되면서 실력이 점점 향상됩니다. 반면 바둑을 많이 두기는 하는데 복기를 하지 않으면 실력이 그대로요, 똑같은 실수를 반복하게 됩니다. 마찬가지로 예수님을 잘 믿으려면, 신앙생활에 향상이 있으려면 읽은 말씀, 들은 말씀을 다시 복습해야 합니다.

혹자는 신앙생활을 오래 했다고 성경 본문과 설교 제목만 들으면 설교 내용을 대충 짐작해 버립니다. 20년, 30년 설교를 들었으니 다 안다며 교만해진 것입니다. 그래서는 안 됩니다. 우리는 아무리 오랫동안, 자주 하나님의 말씀을 들었다 할지라도 진지한 마음으로 새롭게 다시 배워야 합니다. 아는 말씀이라도 다시 익혀야 합니다. 그렇지 않으면 그 말씀이 내게 힘이 되지 못합니다. 익히 아는 말씀이라도 복습해야 합니다. 그래야 잊지 않고 그 말씀이 우리의 삶에 힘이 될 수 있습니다.

혹시 초등학교, 중고등학교 때 존경했던 담임선생님의 이름을 기억하고 있습니까? 교장 선생님의 이름은 기억합니까? 그 시절 그렇게 많이 불렀던 이름인데, 아마 대부분 잊어버렸을 것입니다. 오랫동안 듣지 않으면 잊기 마련입니다.

성경은 재림에 대한 말씀을 강조해 모두 1,836회나 기록하고 있습니다. 왜 이처럼 많이 기록되었을까요? 잊어버리지 말라는 의미입니다. 그래서 신구약성경을 읽다 보면 자연스럽게 재림에 대한 말씀을 읽게 되고, 그러면 재림을 잘 준비하게 됩니다. "곧 거룩한 선지자들이 예언한 말씀과 주 되신 구주께서 너희의 사도들로 말미암아 명하신 것을 기억하게 하려 하노라"(벧후 3:2). '선지자들이 예언한 말씀'은 구약성경이고, '주님이 사도들에게 주신 말씀'은 신약성경입니다. 결국 성경입니다. 성경을 읽고 성경을 기억해야 분명한 재림 신앙을 정립할 수 있습니다.

마귀는 교활해 우리가 가진 것을 훔쳐 가는 도둑 같은 존재입니다. 마귀는 재림 신앙이 얼마나 중요한지 잘 압니다. 그래서 우리에게서 재림 신앙을 빼앗아 가려 합니다.

이 일을 위해 마귀가 쓰는 술책이 두 가지 있습니다. 하나는 재림이 없다고 하는 것입니다. "먼저 이것을 알지니 말세에 조롱하는 자들이 와서 자기의 정욕을 따라 행하며 조롱하여 이르되 주께서 강림하신다는 약속이 어디 있느냐 조상들이 잔 후로부터 만물이 처음 창조될 때와 같이 그냥 있다 하니 이는 하늘이 옛적부터 있는 것과 땅이 물에서 나와 물로 성립된 것도 하나님의 말씀으로 된 것을 그들이 일부러 잊으려 함이로다"(벧후 3:3-5).

자신의 경험을 절대화해서 주님의 재림이 없다고 주장합니다. "지금까지 기다려도 안 오셨으니까 앞으로도 안 오신다." 인간의 제한된 경험과 지식으로 예수님이 재림하실지를 어떻게 알 수 있습니까. 하나님이 천지를 창조하셨습니다. 그리고 하나님이 물로 온 세상을 심판하신 적이 있습니다. 그런데 마귀는 그 사실을 일부러 잊어버리고 무시합니다. 재림은 없다면서 사람들의 재림 신앙을 흔들어 놓습니다.

또 하나의 방법으로 마귀는 정반대 극단을 통해서, 즉 재림을 말함으로 재림 신앙을 흔들어 놓습니다. 예수님이 언제 재림하신다면서 재림 날짜를 구체적으로 말하는 것입니다. 성경은 분명히 그날과 그때는 모른다고 이야기합니다. "거짓 그리스도들과 거짓 선지자들이 일어나 큰 표적과 기사를 보여 할 수만 있으면 택하신 자들도 미혹하리라 … 그러나 그날과 그때는 아무도 모르나니 하늘의 천사들도, 아들도 모르고 오직 아버지만 아시느니라"(마 24:24, 36).

그날과 그때는 하나님 아버지만 아십니다. 그러므로 인성을 가진 인간에게는 그날과 그때가 감추어져 있습니다. 감추어진 것이 유익하기 때문입니다. 그래야 매일매일 '오늘이 주님이 재림하시는 날인가?'라고 생각하며 항상 깨어서 지낼 수 있습니다.

그런데 역사적으로 70회 이상 예수님의 재림 시기가 예언되었습니다. 마귀가 시한부 종말론을 이용하는 목적이 무엇입니까? 계속해서 틀린 날짜를 예언해 사람들이 몇 번 속으면, 나중에 진짜 예수님이 재림하신 날 그 소식을 들어도 꿈쩍도 안 하지 않겠습니까? 마귀에게 속으면 안 됩니다. 예수님은 반드시 재림하십니다. 그러므로 우리는 그날을 기다리며 살아야 합니다.

그날은 불 심판 날입니다. "이로 말미암아 그때에 세상은 물이 넘침으로 멸망하였으되 이제 하늘과 땅은 그 동일한 말씀으로 불사르기 위하여 보호하신바 되어 경건하지 아니한 사람들의 심판과 멸망의 날까지 보존하여 두신 것이니라"(벤후 3:6-7).

노아의 홍수 때 물 심판이 있었습니다. 마지막 날에는 하나님이 불로 온 세상을 심판하실 것입니다. 세상이 다 불타 사라지고 하나님이 새 하늘과 새 땅을 주신다고 성경은 말합니다. 이 땅은 우리 영혼의 본향이 아닙니다. 새 하늘과 새 땅이 우리의 본향입니다. 우리는 새 하늘과 새 땅을 바라보면서 주님의 재림을 기다리며 살아가야 합니다.

재림을 간절히 사모하세요. 주님은 반드시 오십니다

둘째, 재림을 사모해야 합니다(벧후 3:8-13). 주님의 재림과 심판이 없다고 생각하면 함부로 행동하게 됩니다. 그리고 주님이 오시긴 오시되 늦게 오시리라 생각하면 아직 시간이 있다며 딴짓하기 쉽습니다. 그러다 주님이 갑자기 도둑같이 재림하시면 그날을 제대로 맞이할 수가 없습니다. 반면, 깨어서 주님의 오심을 소망하고 살면 주님의 재림을 바르게 준비할 수 있습니다. '사모하다'는 헬라어로 '프로스도카오'인데, '소망 중에 기다린다', '바라보며 기다린다'는 뜻입니다.

재림이 기다려집니까? 성경은 분명히 재림을 기다리라고 말합니다. 사랑하는 신랑이신 예수님을 얼굴과 얼굴로 맞대면하는 그날이 온다는데, 그날이 기다려지지 않는다면 진정 예수 그리스도의 신부라고 할 수 있을까요? 재림이 두렵다면 자신의 믿음을 다시 한 번 점검해 보십시오. 재림이 기다려져야 합니다. 그날을 손

꼽아 기다려야 합니다.

그런데 예수님이 오신다는 이 말씀은 이미 약 2,000년 전에 기록된 말씀입니다. 약 2,000년이 지났는데 주님은 아직도 오지 않으셨습니다. 어떻게 된 일입니까? 여기에 대해 사도 베드로가 해결책을 제시해 두었습니다. "사랑하는 자들아 주께는 하루가 천 년 같고 천 년이 하루 같다는 이 한 가지를 잊지 말라"(벧후 3:8). 하나님의 시간 계산법과 우리의 시간 계산법이 다르다는 것입니다. 하나님은 영원하신 분이요, 절대자시요, 초월자십니다. 그러므로 하나님의 시간 개념이 우리의 시간 개념과 같다고 착각해선 안 됩니다. 경우에 따라서 우리는 하루 같다고 생각하는데 하나님은 천 년같이 길게 보시고, 우리는 천 년 같다고 생각하는데 하나님은 하루같이 보시기도 합니다.

우리의 좁은 안목으로 하나님의 행사를 평가하려 하지 마십시오. 하나님은 늦게 오시는 것이 아닙니다. 하나님이 지체하시는 데는 이유가 있습니다. 한 사람도 빠짐없이 모든 사람을 구원하기 원하시기 때문입니다. 모든 사람이 회개하도록 기회를 주시는 것입니다.

그런데 하나님이 모든 사람이 다 회개하기를 원하시면 모든 사람이 다 회개합니까? 그렇지는 않습니다. 여기서 궁금해집니다. 하나님이 원하시는 대로 되지 않는 일이 있느냐는 것입니다. 있습니다. 하나님이 원하시는데도 안 되는 일이 있는데 그것은 바로 인간의 마음입니다. 하나님이 인간을 창조하실 때 자유의지를 주셨기 때문입니다. 하나님이 자유의지를 침범하시고 하나님 마음대로 인간의 마음을 바꾸실 수 있다면 인간은 로봇에 불과합니다. 하나님은 스스로 만든 규율을 깨뜨리지 않으십니다. 인간에게 자유를 주시고 행사할 기회까지도 주신 것입니다.

그러므로 회개는 스스로 해야 합니다. 스스로 하나님께로 돌아와야 합니다. 누가복음 15장에 나오는 탕자의 비유를 보십시오. 아버지의 간절한 소원은 집 나간 아들이 돌아오는 것이었습니다. 그 소원은 어떻게 이루어질 수 있습니까? 억지로 잡아오는 것은 사랑이라고 할 수 없습니다. 돌아올 때까지 기다려 주는 것이 진정한 사랑인 것입니다.

주님은 오십니다. 주님이 오시기 전에 회개해야 합니다. 주님이 오시기 전에 예수님을 믿어야 합니다. 특별히 믿지 않는 가족이 있으면 간절한 마음으로 전도해야 합니다. 주님이 오시면 더 이상 회개할 기회가 없기 때문입니다.

주님을 더 사랑하고 더 성장하세요. 주님은 반드시 오십니다

셋째, 예수님과의 관계에서 성장해야 합니다(벧후 3:14-18). 사도 베드로는 "오직 우리 주 곧 구주 예수 그리스도의 은혜와 그를 아는 지식에서 자라 가라"(벧후 3:18)고 말합니다. 여기서 '알다', 히브리어로 '야다'는 결혼 관계를 의미한다고 앞서 설명했습니다. 우리는 단순한 지식적인 앎이 아니라 경험을 통해서, 인격적 관계를 통해서 예수님을 알아 가야 합니다.

결혼 50주년 되는 노부부를 만났습니다. 제가 "두 분은 서로 어떤 생각을 하는지 한눈에 아시겠네요?"라고 묻자 남편분이 말씀하셨습니다. "목사님, 아니에요. 여자는 알다가도 모르겠어요." 50년 같이 살아도 다 모르겠다는 것입니다.

예수님을 다 알고 있습니까? 다 안다고 생각하면 착각입니다. 우리는 예수님을 계속 알아 가야 합니다. 끊임없이 '예수님은 무엇을 원하실까? 예수님의 뜻은 무엇일까?' 질문하고 공부해야 합니다. 그래서 예수님과의 인격적인 관계가 성장해야 합니다.

대전에 있는 한 장로님의 이야기입니다. 그분은 중학교 교사인데, 하루는 한 학생이 면담을 요청해 왔습니다. 궁금증을 가지고 면담에 임했는데, 한참 면담하다 보니까 이 학생이 자기에게 전도를 하는 것입니다. 기가 막혀서 "나는 교회 장로야" 하자 학생이 다 안다고 말했습니다. "장로한테 전도를 해?"라고 묻자 학생이 다시 답했습니다. "예. 제가 존경하는 선생님이 기독교 장로인 것이 너무 안타까워서 전도하는 것입니다." 알고 보니까 이 학생은 신천지에 빠져 있었습니다.

장로님은 하도 기가 막혀서 종이 한 장과 연필을 내주면서 "그래, 그러면 신천지가 어떤 것인지, 왜 좋은지 한번 써 봐라" 했습니다. 학생이 종이 위에 글을 써 내려가는데, "한 장 더 주세요" 하기에 주었습니다. 다시 "한 장 더 주세요" 하기에 또 주었습니다. 내리 4장을 썼습니다. 신천지의 기본 교리가 무엇인지, 왜 신천지가 좋은지, 자신의 비전이 무엇인지가 다 적혀 있었습니다. 장로님은 큰 충격을 받았습니다.

그분은 교회에서 중등부 교사로도 섬겼는데, 주일날 교회에 가서 자기 반 학생들에게 똑같이 해 봤습니다. 종이 한 장을 주면서 예수님이 어떤 분이신지에 대해 써 보고, 왜 예수님을 믿는지 그 이유를 적으라고 했습니다. 그런데 종이 한 장을 넘기는 학생이 한 사람도 없었습니다. 심지어 어떤 학생은 두 줄밖에 못 썼습니다.

나는 어떻습니까? 우리 자녀는 어떻겠습니까? 예수님을 바로 믿어야 합니다. 바로 믿지 못하면 이단에게 미혹됩니다. 무지하면 속습니다. 말씀을 공부해야 합니다. 예수님을 더 알아야 합니다. 어떤 유혹이 오더라도 미혹되지 않게 실력을 길러야 합니다.

마태복음 25장에는 '열 처녀의 비유'가 나옵니다. 10명의 처녀들은 준비가 다 되었다고 생각해 신랑을 기다렸습니다. 그런데 막상 신랑이 왔을 때 5명은 합격, 5명은 불합격이었습니다. 5명이 불합격한 이유가 무엇입니까? 그들에게는 등은 있었지만 그 속에 기름이 없었기 때문입니다. 기름은 성령을 의미합니다. 교회에서 직분을 받고, 교회에 열심히 출석하고, 헌금하고, 봉사하는 것은 다 형식입니다. 그렇다면 내용은 무엇입니까? 성령의 인도하심을 받는 것, 성령의 다스리심을 받는 것입니다.

날마다 성령의 인도하심을 받고 살고 있습니까? 날마다 성령 께 순종하고 있습니까? 그런 사람이 바로 산 믿음을 가진 자입니다. 산 믿음은 시간이 갈수록 점점 성장합니다. 갈수록 주님을 더 많이 알아 가고, 더 닮아 갑니다. 주님을 향한 사랑이 더 커집니다. 뿐만 아니라 주님이 사랑하시는 이웃을 더 사랑하게 됩니다. 나는 어떻습니까?

주님이 재림하시는 날이 점점 다가오고 있습니다. 주님의 재 림을 잘 준비하기 위해서는 재림이 있음을 기억해야 합니다. 그 날을 사모하며 기다려야 합니다. 주님과의 관계가 계속 성장해야 합니다. 이 땅에서 주님께 순종하다가, 주님이 오시면 주님이 주 시는 새 하늘과 새 땅, 주님이 만드신 새 집에서 영원토록 주님을 사랑하고 주님께 순종하며 살아가는 복된 믿음의 사람이 됩시다.

(((● 천국이 목적지면
삶은 단순해집니다

누가복음 10:38-42

왜 그렇게 복잡합니까?
단순하게 삽시다

우리는 스스로를 '그리스도인'이라고 말합니다. '그리스도인'은
원래 예수님을 믿지 않는 사람들이 예수님을 믿는 사람들을 조롱
하기 위해 사용한 단어입니다(행 11:26). 번역하면 '예수쟁이'라는
뜻입니다. 우리는 예수쟁이입니다. '쟁이'는 '전문가'라는 뜻을 가
진 접미사이며, 동시에 그런 사람을 낮잡아 이를 때 쓰는 말입니
다. 우리는 예수님에 있어서 전문가요, 예수님께 미친 사람들입니
다. 예수님밖에 모르는 사람들입니다. 세상 사람들은 조롱하는 투

로 말하지만, 우리는 기뻐하며 자랑스럽게 "나는 예수쟁이입니다. 나는 예수님께 내 전부를 다 드린 사람입니다!"라고 고백하며 살아갑니다.

우리가 진정 예수쟁이라면 예수님을 잘 믿는 데 집중해야 하지 않을까요? 예수님을 믿고 천국 가는 것이 삶의 목적이라면 여기에 초점을 맞추는 것이 마땅합니다. 그런데 왜 우리는 세상의 부귀영화와 쾌락에 한눈을 파는 것일까요? 좁은 길을 따라 천국 가는 삶에 만족하지 못하고 넓은 길이 주는 재미도 보고 싶어서 기웃기웃하지 않습니까? 두 마리 토끼를 좇으면 결국 둘 다 놓칩니다.

천국 가는 것이 삶의 목적이라면 예수님을 바로 믿어야 합니다. 그렇지 않고 세상 재미를 보고 싶다면 예수님을 믿는 길을 포기하고 넓은 길로 가면 됩니다. 어떤 때는 넓은 길로 가고, 어떤 때는 좁은 길로 가는 삶의 결국은 비참한 후회와 실패뿐입니다. 혹시 예수님을 믿는데 기쁨과 만족이 별로 없습니까? 다른 사람들이 보기 싫고 주님도 마음에 들지 않습니까? 만약 그렇다면 삶에 구조조정이 필요합니다.

본문인 누가복음 10장 38-42절은 나사로와 마르다, 마리아의 집이 있는 베다니에서 일어난 사건입니다. 베다니는 예루살렘으로 들어가는 길목에 있었기에 예수님이 자주 들러 쉬곤 하셨습니다. 특별히 베다니는 예수님이 죽은 나사로를 살리는 기적을 보이신 곳이기에 더욱 유명해졌습니다. 아마도 본문은 그 가족과 예수님의 첫 만남은 아닌 것 같습니다. 이전에도 예수님은 그들에게 음식 대접을 받고 위로받곤 하셨을 것입니다.

그런데 마르다가 예수님께 불평을 했습니다. 예수님을 기쁘시게 하려고 예수님을 집에 모셔 놓고는 예수님 앞에 나아와 불평과 불만을 털어놓았습니다. 하지만 예수님은 노여워하거나 꾸짖지 않으시고 "마르다야, 마르다야" 하고 그녀의 이름을 두 번 부르며 마르다의 관심을 집중시키셨습니다. 그러곤 이렇게 말씀하셨습니다. "네가 많은 일로 염려하고 근심하나 몇 가지만 하든지 혹은 한 가지만이라도 족하니라 마리아는 이 좋은 편을 택하였으니 빼앗기지 아니하리라"(눅 10:41-42). 한마디로, "마르다야, 왜 그렇게 복잡하게 사니? 단순하게 살아라!"라고 말씀하신 것입니다. 예수님은 마르다가 단순하게 살기를 원하셨습니다.

단순한 삶,
어렵지 않습니다

주님이 우리에게 원하시는 삶은 단순한 삶입니다. 단순하게 기뻐하고, 단순하게 감사하고, 단순하게 사랑하며 살아가는 것입니다. 주님은 우리가 굉장히 많은 일을 이루기를 원하지 않으십니다.

그렇다면 단순한 삶은 어떤 삶을 의미하는 것일까요?

단순하게, 주님의 영광만 바라보세요

첫째, 주님의 영광에 초점을 맞춘 삶입니다. "그들이 길 갈 때에 예수께서 한 마을에 들어가시매 마르다라 이름하는 한 여자가 자기 집으로 영접하더라 그에게 마리아라 하는 동생이 있어 주의 발치에 앉아 그의 말씀을 듣더니"(눅 10:38-39). 마르다라 이름하는 여인이 나옵니다. 그녀는 마리아의 언니이고, 어머니가 계시지 않는 듯합니다. 마르다가 주부로서 집안일을 다 관장하는데, 예수님을 집에 모셨습니다. 그리고 예수님을 위해 정성껏 음식을 준비했습니다.

마르다가 왜 일을 했습니까? 왜 음식을 준비했을까요? 다 예수님을 위해서였습니다. 그러나 예수님을 섬기는 것이 마르다의 관심의 전부였을까요? 문맥을 살펴보면 그렇지는 않은 듯합니다. 마르다에게는 예수님과 제자들로부터 칭찬을 듣고 싶은 마음이 있었던 것 같습니다. 그렇다 보니 음식을 더 많이 준비해야 하고, 더 맛있게 요리해야 하고, 점점 일거리가 많아진 것입니다. 그런데 동생 마리아가 일을 거들지 않으니 불평이 생긴 것입니다.

자, 이제 우리를 생각해 봅시다. 그리스도인들이 이 땅에서 왜 삽니까? 우리가 교회에서 왜 찬양대로, 교사로, 장로와 권사로 봉사합니까? 두말할 것 없이 주님의 영광을 위해서입니다. 이 마음만 있으면 아무런 문제가 없는데, 살다 보면 슬그머니 욕심이 들어옵니다. 사람들로부터 칭찬을 듣고 싶고 영광을 받고 싶은 마음이 들기 때문에 삶이 복잡해집니다. 그러다 보면 짜증과 불평과 불만이 시작됩니다. 주님의 영광에만 집중하면 불평이 생길 이유가 하나도 없습니다.

호랑이나 사자 같은 맹수를 훈련하는 일을 전문으로 하는 조련사들이 있습니다. 맹수 조련사들에게 꼭 필요한 도구가 하나 있는데, 등받이가 없는 다리가 4개 달린 작은 의자입니다. 조련할 때 사자의 얼굴에 의자의 다리 전부를 갖다 대면 사자가 4개의 의자 다리를 보고는 어느 다리를 신경 써야 할지 몰라 신경이 분할되어 마취 상태가 오고, 그래서 조련사들의 말을 고분고분 따르게 된다고 합니다. 사탄은 우리에게 똑같은 계략으로 공격합니다. 우리에게 여러 가지 일을 하게 해서 복잡하게 만드는 것입니다. "이 일도 해야 되고, 저 일도 해야 되고 바쁘다 바뻐!" 하면서 결국 어떤 일도 제대로 못하게 하는 것입니다.

마르다와 마리아는 주님과 함께 있었습니다. 다 주님을 위해 일하고 있었습니다. 그런데 마리아는 행복한데, 마르다는 행복하지 않고 불평이 가득했습니다. 마리아의 마음속에는 자신의 영광을 취하고자 하는 마음이 없었습니다. 마리아의 관심은 오로지 예수님께 있었습니다. 예수님을 위로해 드리고 싶었습니다. 예수님이 병자들을 고치시고 선교하신 아름다운 사역 이야기가 너무 듣고 싶었습니다. 자기 자신은 아예 잊어버리고 없었습니다. '내가 유능해지고 싶고 영광을 받고 싶다'는 마음 자체를 잊어버리고 예수님께만 집중한 것입니다. 이것이 바로 단순한 삶입니다. 내가 인정받고 싶고 칭찬받고 싶은 순간, 내 삶의 주인은 예수님이 아닌 내가 되어 버리는 것입니다.

왜 마음이 나누어집니까? 초점이 2개 있다는 말은 곧 초점이 없다는 말입니다. 우리가 주님의 영광을 취하며 동시에 나 자신의 영광을 취하고자 한다면 곧 주님의 영광은 없는 것입니다. 세례 요한은 이렇게 고백했습니다. "그는 흥하여야 하겠고 나는 쇠하여야 하리라"(요 3:30). 주님이 영광을 받으시기 위해서 나는 낮아지고 사라져야 합니다. 나를 높이고 주님을 높이겠다는 것은 과욕입니다. 두 마리 토끼를 좇는 것입니다. 이제 나 자신에 대한 영광, 칭찬은 다 잊어버리고 오직 주님의 영광만을 위해서 살아가겠다고 결단합시다.

단순하게, 사명에만 집중하세요

둘째, 단순한 삶은 자신의 사명에 집중하는 삶입니다. "마르다는 준비하는 일이 많아 마음이 분주한지라 예수께 나아가 이르되 주여 내 동생이 나 혼자 일하게 두는 것을 생각하지 아니하시나이까 그를 명하사 나를 도와주라 하소서"(눅 10:40). 마르다가 '예수님을 위해 음식을 준비하는 것이 내 사명이다'라고 생각한다면, 그 일에만 집중하면 문제가 없습니다. 그러나 자신은 열심히 일하고 있는데 마리아를 보니까 편하게 앉아 예수님의 말씀을 듣고만 있었습니다. 그 모습을 본 순간 불평과 불만이 몰려왔습니다.

우리는 교회에서 많은 봉사를 하고 있습니다. 교회 내 모든 사역이 어우러져서 아름다운 하나의 예배가 드려집니다. 한 번의 예배를 위해서 수많은 사람이 자기 자리에서 애쓰고 있습니다. 그런데 사람이라는 존재는 자기중심적이어서 자기가 하는 봉사가 가장 중요하고 중심이라고 생각합니다. 그래서 때로는 '왜 나의 수고를 몰라주는가?' 하며 속상해합니다. 이렇게 한 번 불평하기 시작하면 마음의 평화가 다 사라지고 맙니다. 그러므로 '주님이 내게 맡기신 사명이 무엇인가?'를 생각하고 그 일에 충성하는 것이 가장 중요합니다.

우리는 요한복음의 마지막 장에서 주님이 하신 말씀을 귀 기울여 들을 필요가 있습니다. "내가 진실로 진실로 네게 이르노니 네가 젊어서는 스스로 띠 띠고 원하는 곳으로 다녔거니와 늙어서는 네 팔을 벌리리니 남이 네게 띠 띠우고 원하지 아니하는 곳으로 데려가리라 이 말씀을 하심은 베드로가 어떠한 죽음으로 하나님께 영광을 돌릴 것을 가리키심이러라 이 말씀을 하시고 베드로에게 이르시되 나를 따르라 하시니 베드로가 돌이켜 예수께서 사랑하시는 그 제자가 따르는 것을 보니 그는 만찬석에서 예수의 품에 의지하여 주님 주님을 파는 자가 누구오니이까 묻던 자더라 이에 베드로가 그를 보고 예수께 여짜오되 주님 이 사람은 어떻게 되겠사옵나이까 예수께서 이르시되 내가 올 때까지 그를 머물게 하고자 할지라도 네게 무슨 상관이냐 너는 나를 따르라 하시더라"(요 21:18-22).

베드로는 예수님을 세 번 부인했습니다. 부활하신 예수님은 그런 베드로를 찾아오셔서 "요한의 아들 시몬아 네가 나를 사랑하느냐"라고 물으셨습니다. 이에 베드로는 주님을 사랑한다고 답했고, 세 번째 같은 질문에는 "주님 모든 것을 아시오매 내가 주님을 사랑하는 줄을 주님께서 아시나이다"(요 21:17)라고 말했습니다. 주님은 베드로에게 "내 양을 먹이라"(요 21:17)라고 말씀하셨습니다.

그런데 그 말씀을 듣고는 뒤를 돌아보니 예수님이 사랑하시는 제자 요한이 따라오고 있었습니다. 그래서 베드로가 예수님께 여쭈었습니다. "주님 이 사람은 어떻게 되겠사옵나이까?" 자신의 순교를 암시하는 말씀을 들은 베드로가 요한은 어떻게 될지를 질문한 것입니다. 그때 예수님이 매정하다 싶을 정도로 말씀하셨습니다. "네게 무슨 상관이냐 너는 나를 따르라"(요 21:22).

주님과 나의 관계는 상대적인 관계가 아니라 개인적이고 독점적인 관계입니다. 즉 부부 관계와 같습니다. 주님이 나의 신랑이 되시고, 나는 주님의 신부가 됩니다. 내가 할 일은 나를 위해 십자가에 못 박히신 예수님을 위해서 나의 전부를 드려서 충성하고 섬기는 것입니다. 다른 사람이 주님을 어떻게 섬기느냐는 그 사람의 일이지, 내가 간섭하고 비판할 일이 아닙니다.

선교사님들이 선교지에서 고생하다가 본국으로 돌아옵니다. 그때 '나는 밀림에서 고생하며 살아가는데, 한국 사람들은 에어컨 틀고 시원하게 생활하는구나' 하며 비교하다 절망하면 선교사 사역을 감당할 수가 없습니다. '하나님이 내게 선교사의 귀한 사명을 주셨으니 죽도록 충성하겠다'라는 마음으로 일해야 하는 것입니다.

하나님이 각자에게 주신 사명이 있고, 우리 각자는 자신이 맡은 사명에 충성을 다해야 합니다. 모두 필요한 일입니다. 예수님을 위해서 음식을 준비하는 사람도 있어야 하고, 예수님의 말씀을 들으며 예수님께 위로와 격려를 드려야 하는 사람도 있어야 합니다. 내가 하는 일만 중요하다 생각하면 안 됩니다. 다른 사람들도 중요합니다. 그러니 다른 사람들의 일에 간섭하기보다 하나님이 나에게 맡기신 사명에 집중해 충성하는 것이 중요합니다. 그때 마음이 흐트러지지 않고 단순한 삶을 살 수 있습니다.

단순하게, 가장 중요한 일을 하세요

셋째, 단순한 삶은 가장 중요한 일에 집중하는 삶입니다. "주께서 대답하여 이르시되 마르다야 마르다야 네가 많은 일로 염려하고 근심하나 몇 가지만 하든지 혹은 한 가지만이라도 족하니라 마리아는 이 좋은 편을 택하였으니 빼앗기지 아니하리라 하시니라"(눅 10:41-42).

우리는 가장 중요한 일에 집중해야 합니다. 그렇다면 가장 중요한 일은 누가 판단할까요? 우리 주님이십니다. 주님이 보시기에 가장 중요한 일이 무엇일까를 생각해야 합니다. 세상에는 우리가 해야 할 일이 많습니다. 전도, 구제, 봉사, 젊은이 선교, 노년 선교 등 할 일이 얼마나 많습니까. 그렇다면 좋은 일이니 다 내가 해야 할까요? 지금 해야 할까요? 아닙니다. 함께 해야 합니다. '하나님이 보시기에 지금 내가 해야 할 가장 중요한 일이 무엇일까?'를 생각하고 그 일에 집중하는 삶이 단순한 삶입니다.

중요한 일은 각자의 사명과 삶에 따라 다릅니다. 그러나 모든 성도에게 공통적으로 가장 중요한 일 두 가지가 있습니다. 첫째는 주님과의 사귐입니다. 하나님이 인간을 만드신 이유는 사랑하시기 위해서입니다. 일을 시키려고 창조하신 것이 아닙니다. 하나님께는 부리실 수 있는 천사들이 얼마든지 있습니다. 주님이 원하시는 것은 사랑입니다. 우리의 마음을 원하시는 것입니다.

하루 동안 온 마음을 다 드려서 주님만 생각하는 시간이 얼마나 됩니까? 저 자신을 살펴보고는 깜짝 놀랐습니다. 마음을 다해서 주님께 드린 시간이 너무 짧은 것입니다. 기도하고 성경 보는 일이 목회자인 제가 하는 일의 대부분이지 않습니까. 그러나 그 일은 설교를 위해서 하는 일이고, 일을 위한 것이지 정말 주님께만 초점을 맞추고 주님과 달콤한 데이트를 하는 시간은 너무나 짧았습니다.

우리는 열심히 돈 버는 데 많은 시간을 들입니다. 물론 매우 중요한 일입니다. 그러나 하나님이 가장 원하시는 일은 바쁘게 일해 돈을 많이 벌어서 하나님을 영화롭게 하겠다는 것보다 살아 있는 동안 하나님을 기뻐하고 하나님께 감사함으로 하나님을 영화롭게 하는 것입니다. 하나님께 마음을 드리고, 하나님을 사랑하고, 하나님과 사귐의 시간을 더 많이 갖는 것입니다.

성도에게 가장 중요한 일은 둘째로, 가족과의 사귐입니다. 하나님은 하나님이 행복하신 것처럼 우리가 가족들과 함께 행복하기를 원하십니다. 하나님께는 우리 가족의 행복이 매우 중요한 관심사입니다. 열심히 돈만 벌고, 공부만 하고, 사업에 매진하느라 가족을 잃어버리면 차선을 위해서 최선을 포기한 어리석은 사람이 되고 맙니다.

단순한 삶은 힘이 있습니다. 단순한 삶은 승리의 삶입니다. 한

꺼번에 너무 많은 일을 하려 하지 마십시오. 하나님은 우리에게 단순한 삶을 원하십니다. 오직 주님의 영광에만 집중합시다. 그리고 다른 사람과 비교하지 말고 나 자신의 사명만 생각합시다. 하나님이 보시기에 가장 중요한 일인 주님과의 사귐과 가족과의 사귐에 초점을 둡시다. 그리하여 매일매일 행복하고, 힘 있고, 의미 있게 살아갑시다.

《◀● 천국이 있기에
지금의 삶으로 만족할 수 없습니다

빌립보서 1:1-11

나의 사랑하는 성도여,
더욱 전진합시다

성경은 성도를 운동선수로, 특히 경주하는 사람으로 묘사합니다. 경주자는 혼자 뛰지 않고 수많은 사람에게 둘러싸인 채 응원을 받으면서 뜁니다. "이러므로 우리에게 구름같이 둘러싼 허다한 증인들이 있으니 모든 무거운 것과 얽매이기 쉬운 죄를 벗어버리고 인내로써 우리 앞에 당한 경주를 하며"(히 12:1). 우리는 예수님이 보고 계시는 가운데, 수많은 앞서간 믿음의 선배들이 바라보는 가운데 그들의 박수갈채와 격려를 받으며 경주하고 있는 운동선수와 같습니다. 물론 힘들 때가 있습니다. 하지만 히브리서 기자는 인내로써 우리 앞에 당한 경주를 하며 영광의 면류관을 쓰기까지 힘껏 달려 나갈 것을 우리에게 권면합니다.

사도 바울은 누구보다 열심히 사역했고, 누구보다 많은 업적을 남겼습니다. 그러나 그는 지금까지 이룬 일에 만족해 안주하지 않고 새로운 목표를 세우고 또 전진하겠다고 고백했습니다. "내가 이미 얻었다 함도 아니요 온전히 이루었다 함도 아니라 오직 내가 그리스도 예수께 잡힌바 된 그것을 잡으려고 달려가노라"(빌 3:12).

뒤를 돌아보는 사람은 흔히 이렇게 말하곤 합니다. "많이 이루었다. 이만하면 잘했다. 내가 왕년에 전도 많이 했지. 기도 많이 했지. 봉사 많이 했지." 그런데 바울은 앞만 바라보았기에 뒤를 돌아보고 그런 생각을 할 틈이 없었습니다.

주님은 지금 상태로 만족하지 않으시고 "더 잘할 수 있다. 더 많이 할 수 있다. 나는 너희에게 더 큰 영광의 면류관을 주기 원한다"라고 격려하며 우리를 이끌어 가십니다. 사도 바울은 그 주님께 이끌려 앞을 바라보며 달려간다고 고백한 것입니다.

우리의 모습은 어떠합니까? 많은 경우에 목표가 너무 낮습니다. 저는 천국 및 상급에 관한 주제로 설교를 자주 합니다. 그런데 천국이나 구원의 확신에 관한 설교를 할 때는 성도들이 감동을 많이 받는데, 상급에 대한 설교를 하면 의외로 반응이 시큰둥한 경우가 있습니다. 나중에 이야기를 들어 보니 이유는 이러했습니다. "저는 상급을 바라지도 않습니다. 지옥에 갈 사람이 천국 가면 됐지요. 그저 구원받은 것으로 만족합니다." 그러면서 한편으로 안주해 버립니다.

우리가 예수님을 믿는 목적은 구원받고 천국 가려는 것입니다. 하지만 구원받고 천국 가는 것이 예수님을 믿는 최종 목표가 되어서는 안 됩니다. 오히려 그것이 출발점이 되어서, '내게 이처럼 큰 구원, 천국을 주신 하나님께, 천국이 가능하도록 나를 위해 십자가에 못 박혀 돌아가신 예수님께 최선의 영광을 돌리리라. 그리하여 하나님의 영광과 찬송이 되리라' 하며 더 높은 목표를 세워야 합니다.

사도 바울이 사랑한 빌립보 교회

빌립보서는 사도 바울이 순교하기 전 감옥에서 사랑하는 빌립보 성도들에게 쓴 개인적인 편지입니다. 빌립보 교회는 사도 바울이 제2차 전도여행 때 세운 교회입니다. 제1차 전도여행 때 그는 안디옥 교회의 파송을 받아 아시아의 여러 지역에 복음을 전하고 교회를 세웠습니다. 그 후 예루살렘으로 돌아와 선교 보고를 한 후 잠시 안디옥 교회에서 쉬었습니다. 이후 바울은 자신이 세운 교회들이 건강하게 잘 자라고 있는지 다시 한 번 점검하고 재교육할 필요성을 느껴 제2차 전도여행을 시작했습니다.

교회들을 돌아보는데 성령이 계속해서 아시아 지역으로 가지 못하게 막으셨습니다. 그러던 어느 날 밤 바울에게 환상이 보였는데, 마게도냐 사람 하나가 서서 그에게 부탁을 했습니다. "마게도냐로 건너와서 우리를 도우라"(행 16:9). 이에 바울은 하나님이 그들에게 복음을 전하라고 부르신 줄로 인정하고 마게도냐로 향했습니다.

마게도냐는 유럽으로, 오늘날 터키 지역입니다. 조그마한 해협을 중심으로 오른쪽은 아시아, 왼쪽은 유럽입니다. 그래서 바울은 배를 타고 유럽으로 건너갔습니다. 그리고 첫 번째 도착한 성이 빌립보라는 도시였습니다. 빌립보는 그리스에 속한 지역이지만 로마 직할시(로마가 직접 다스리는 로마에 속한 도시)였습니다. 상당히 많은 사람이 살고 있었고, 퇴역한 군인들이 많이 거주하는 아주 부유한 도시요, 중요한 교통의 요지였습니다.

사도 바울이 빌립보성에서 며칠 보낸 후 안식일이 되었습니다. 바울은 기도할 곳을 찾았으나 마땅한 장소가 없었습니다. 빌립보에는 회당이 없었기 때문입니다. 보통 회당이 없는 경우는 유대인들이 주로 시냇가 나무 밑에서 예배를 드리곤 했습니다. 사도 바울이 강가에 나가 보니 여자들 몇몇이 앉아 있었습니다. 그가 그들에게 하나님의 말씀을 증거하자 하나님이 자색 옷감 장사로서 하나님을 섬기는 루디아라 하는 여자의 마음을 열어 바울의 말을 따르게 하셨습니다. 루디아는 돈도 많고 수완도 있는 여인이었는데, 그와 그 가족들이 다 세례를 받았습니다.

사도 바울 일행이 기도처로 가는 중에 점치는 귀신 들린 여종이 따라다니면서 소리를 질렀습니다. "이 사람들은 지극히 높은 하나님의 종으로서 구원의 길을 너희에게 전하는 자라"(행 16:17). 하루도 아니고 여러 날 소리를 지르자 선교에 방해가 되었습니다. 바울은 심히 괴로워서 참다못해 "예수 그리스도의 이름으로 내가 네게 명하노니 그에게서 나오라"(행 16:18) 하며 귀신을 쫓아냈고, 귀신이 즉시 나갔습니다.

여종은 건강을 되찾았는데, 문제가 있었습니다. 그녀는 종으로서 귀신 들려 점치는 일을 기가 막히게 잘해 그 주인들이 돈을 많이 벌었는데, 귀신이 나가 버리니까 더 이상 점을 치지 못하게 된 것입니다. 주인들의 입장에서는 수입이 끊어졌습니다. 화가 난 그들은 고발했고, 관리들이 와서 바울 일행을 붙잡아 심문도 하지 않고 옷을 찢어 벗기고 매로 친 후 감옥에 가두어 버렸습니다.

그날 바울과 실라는 감옥에서 차꼬에 매인 채 하나님을 찬송했습니다. 아마도 이렇게 고백하며 찬양했을 것입니다. "하나님, 제가 다메섹에서 벼락 맞아 죽어야 마땅한데, 예수님을 위해서 복음을 전하다가 감옥에 갇혔으니 이보다 더 큰 영광이 어디 있겠습니까! 지금 죽어도 천국이니 하나님, 감사합니다."

그런데 찬양하는 가운데 갑자기 큰 지진이 일어났습니다. 옥토가 움직이고 옥문이 활짝 열리며 모든 사람의 매인 것이 다 벗어졌습니다.

간수가 자다가 깨어 보니 옥문들이 활짝 열려 있었습니다. 당시는 간수가 죄수들을 놓치면 놓친 죄수가 받아야 할 벌을 간수가 다 받아야 했습니다. 간수는 두려운 나머지 칼을 빼어 자결하려고 했습니다. 그 순간, 바울이 크게 소리 질러 간수를 불렀습니다. "네 몸을 상하지 말라 우리가 다 여기 있노라"(행 16:28).

그 소리를 들은 간수는 무서워 떨며 바울과 실라 앞에 엎드리고 그들을 데리고 나가 "선생들이여 내가 어떻게 하여야 구원을 받으리이까"(행 16:30) 하고 물었습니다. 이에 바울은 "주 예수를 믿으라 그리하면 너와 네 집이 구원을 받으리라"(행 16:31)라고 말했습니다. 이후 바울이 주의 말씀을 간수와 그 집에 있는 모든 사람에게 전했고, 그와 그의 온 가족이 세례를 받았습니다.

이처럼 루디아의 가족과 회개한 빌립보 간수가 중심이 되어 세워진 교회가 바로 빌립보 교회입니다. 사도 바울이 직접 세운 빌립보 교회는 복음의 기초가 튼튼하고 선교 열정이 아주 뜨거웠습니다. 사도 바울이 선교할 때마다 선교 헌금을 보내 주고 늘 위해서 기도해 주는 교회였습니다. 루디아를 중심으로 어미와 같은 따스한 사랑으로 바울을 도와주고 격려해 준 교회였습니다.

이후 바울은 로마의 감옥에 갇혔습니다. 그를 걱정한 빌립보 성도들이 에바브로디도를 보내 헌금을 전달했는데, 바울이 너무 고마워서 쓴 감사의 편지가 바로 빌립보서입니다. 바울은 빌립보 성도들을 향한 간절한 소원을 이 편지에 기록해 두었습니다.

나의 사랑하는 성도여, 만점짜리 성도가 됩시다

빌립보 교회를 향한 바울의 소원은 제 소원과 동일합니다. 성도들이 더 높은 지경에 이르기를, 더 진보하기를 원하는 바울의 마음이 제 마음을 대변해 줍니다. 바울의 권면을 통해 지금도 예수님을 잘 믿지만 앞으로 예수님을 더 잘 믿는 만점짜리 완벽한 성도가 되기를 간절히 바랍니다.

사도 바울이 빌립보 성도들을 얼마나 사랑하는지를 살펴봅시다. "내가 너희를 생각할 때마다 나의 하나님께 감사하며 간구할 때마다 너희 무리를 위하여 기쁨으로 항상 간구함은 너희가 첫날부터 이제까지 복음을 위한 일에 참여하고 있기 때문이라 너희 안에서 착한 일을 시작하신 이가 그리스도 예수의 날까지 이루실 줄을 우리는 확신하노라 내가 너희 무리를 위하여 이와 같이 생각하는 것이 마땅하니 이는 너희가 내 마음에 있음이며 나의 매임과 복음을 변명함과 확정함에 너희가 다 나와 함께 은혜에 참여한 자가 됨이라 내가 예수 그리스도의 심장으로 너희 무리를 얼마나 사모하는지 하나님이 내 증인이시니라"(빌 1:3-8).

사도 바울은 빌립보 성도들을 생각할 때마다 기쁨으로, 감사함으로 기도했습니다. 그들은 문제 있는 성도들이 아니었습니다. 100점에 가까운 성도들이었습니다. 그러나 사도 바울은 만족하지 않고 빌립보 성도들이 만점짜리 그리스도인이 되기를 원한 것입니다. 그러면 어떻게 하면 만점짜리 성도가 될 수 있을까요?

지극히 선한 것을 분별합시다

첫째, 만점짜리 성도가 되려면 지극히 선한 것을 분별할 수 있어야 합니다. 그리하여 하나님의 영광과 찬송이 되어야 합니다. '내가 구원받는 것'은 나 중심입니다. 만점짜리 성도의 최종 목표는 내가 구원받고, 내가 상 받는 것이 아닙니다. 물론 하나님의 뜻대로 살고 충성하면 영광의 면류관을 상급으로 받을 것입니다. 그런데 영광의 면류관을 쓰고 내가 영광을 받는 것이 궁극적인 목적이 아닙니다. 이 면류관을 주님의 발 앞에 놓아 드리면서 주님께 더 큰 영광을 돌리는 것이 우리의 최종 목표입니다. 그러려면 무엇이 최선인지 올바로 분별해야 합니다.

"내가 기도하노라 너희 사랑을 지식과 모든 총명으로 점점 더 풍성하게 하사 너희로 지극히 선한 것을 분별하며 또 진실하여 허물 없이 그리스도의 날까지 이르고"(빌 1:9-10). 우리는 지극히 선한 것을 분별해야 하는데, 이를 위해서는 지식과 총명이 필요합니다.

그렇다면 궁금증이 생깁니다. 왜 지극히 선한 것을 분별해야 할까요? 우리에게는 시간과 물질과 기회가 무한정 주어진 것이 아닙니다. 그러므로 '선'을 위해서 써 버린 시간은 '지극히 선한 것', 즉 '최선'을 위해서는 쓸 수가 없습니다. 차선을 위해서 써 버린 물질은 최선을 위해서는 사용할 수가 없는 것입니다. "최선의 가장 큰 적은 차선"이라는 말이 있지 않습니까? 이제부터는 좋은 일이라고 해서 무조건 하지 말고 '이보다 더 좋은 일은 없을까? 가장 좋은 것은 무엇일까?'를 생각하면서 거기에 시간과 삶을 투자하는 삶을 살아야 합니다.

그런데 지금까지 최선인 줄 알았는데 더 배워 보니까 더 나은 것이 있을 수 있습니다. 그런 까닭에 지극히 선한 것을 분별하기 위해서는 계속해서 공부해야 합니다.

왜 공부까지 해서라도 지극히 선한 것을 원해야 할까요? 우리가 하나님께 받은 사랑이 너무 크기 때문입니다. 혹시 '주님께 이 정도 드렸으면 됐다'고 생각하고 있습니까? 우리가 주님께 얼마나 큰 사랑을 받았는지 깨닫게 되면 마음이 달라집니다. 우리가 받은 십자가 사랑이 얼마나 큽니까? 이 엄청난 십자가 사랑을 선물해 주신 주님께 우리가 드린 것으로 만족할 수 있겠습니까. 정말 주님을 사랑하면 주님께 더 좋은 것을 드리고 싶어집니다.

1865년 추운 겨울밤, 영국의 한 여인이 산에서 어린아이를 안고 헤맸습니다. 눈보라와 짙은 어둠으로 길을 잃고 만 여인은 결국 동사하고 말았습니다. 이튿날 사람들이 여인을 발견했는데, 나무 밑에 웅크린 채였습니다. 놀랍게도 그 여인은 벌거벗고 있었습니다. 지독한 추위에 아이가 얼어 죽을까 봐 자신의 옷을 하나씩 벗어서 아이를 감싸 안고 자신은 죽은 것입니다. 여인은 동사했지만 여인의 품속에 있는 아이는 숨이 붙어 있었습니다. 사람들이 아이를 데려다가 입양시켰습니다.

아이는 자라면서 어머니의 사랑 이야기를 들었습니다. '어머니가 얼마나 큰 사랑으로 나를 구해 주셨는가!' 그 사랑을 기억하면서 아이는 매사에 최선을 다했습니다. 왜 아이에게 놀고 싶은 유혹, 대충 하고 싶은 유혹이 없었겠습니까? 하지만 '내가 어떻게 얻은 생명인데, 어머니가 나를 구하기 위해서 어떤 희생을 치르셨는데 내가 이렇게 살 수는 없지' 하며 마음을 다잡았습니다. 열심히 공부하고 최선의 삶을 살았습니다. 그래서 마침내 영국 제34대 수상의 자리에 올랐습니다. 그가 바로 제1차 세계대전을 승리로 이끈 데이비드 로이드조지(David Lloyd George)입니다.

우리는 예수님의 십자가 사랑으로 구원받았기에 함부로 살 수 없는 사람들입니다. 지금의 삶으로 만족할 수 없는 존재요, 더 높은 삶, 더 아름다운 삶을 살아가야 합니다. 하나님의 영광이 되는 삶은 '나는 힘들고 상대방은 행복하게 하는 삶'이 아닙니다. 하나님은 우리 모두가 행복하기를 원하십니다. '나도 행복하고 상대방도 행복하게 하는 삶'이 가장 좋은 것입니다. 그 가장 좋은 것을 얻기 위해서 우리는 계속 배워야 합니다. 좋은 것보다 더 좋은 것, 선한 것보다 지극히 선한 것을 좇아 열심을 낼 때 만점짜리 성도가 될 수 있습니다.

진실합시다

둘째, 만점짜리 성도가 되려면 진실해야 합니다. "너희로 지극히 선한 것을 분별하며 또 진실하여 허물 없이 그리스도의 날까지 이르고 예수 그리스도로 말미암아 의의 열매가 가득하여 하나님의 영광과 찬송이 되기를 원하노라"(빌 1:10-11).

진실한 삶은 내 힘으로는 불가능합니다. 내가 아무리 '진실한 삶을 살겠다'고 결심해도 안 되고, 진실로 중생해야만 이루어질 수 있는 일입니다. "그런즉 누구든지 그리스도 안에 있으면 새로운 피조물이라 이전 것은 지나갔으니 보라 새것이 되었도다"(고후 5:17). 새로운 피조물이 되어야 합니다. 예수 그리스도로 말미암아 우리가 완전히 바뀔 때 진실한 삶, 바로 예수님의 삶을 살게 되는 것입니다.

예수님이 내 삶 속에서 완전히 주인이 되셔서 나를 다스리실 때 예수님이 원하시는 생각을 하게 되고, 예수님이 원하시는 행동을 하게 됩니다. 그것이 바로 진실한 삶입니다.

'진실'은 영어로 'sincere'인데, 라틴어 '시네 세라'(sine cera)에서 유래했습니다. 이 말은 '밀 칠을 하지 않는다'는 뜻입니다. 영어로 직역하면 '햇볕에 시험하다'입니다. 옛날 도자기업이 발전할 때입니다. 두꺼운 질그릇은 불에 구워 낼 때 금이 잘 가지 않고 깨지지 않았습니다. 하지만 고가의 도자기는 색을 잘 내기 위해 얇게 구웠고 쉽게 금이 갔습니다.

간혹 도자기가 완전히 깨지지 않고 얇게 금만 간 경우가 생기는데, 양심적인 도공은 도자기를 깨뜨렸습니다. 반면, 양심이 불량한 도공은 살짝 금이 간 틈에 밀초를 섞어 메우고 유약을 살짝 칠해 팔았습니다. 그러나 햇볕에 도자기를 비추어 보면 밀 칠을 한 도자기인지, 아닌지를 알 수 있었습니다. 그래서 햇빛에 비추어 보고 깨끗하면 'sine cera'라는 글을 새겨 넣었다고 합니다. '진실한 도자기'라는 의미입니다.

진실한지는 빛에 비추어 볼 때 알 수 있습니다. 예수 그리스도는 세상의 빛이십니다. 그러므로 자신을 예수 그리스도께 비추어 보고 정말 예수님의 마음으로 이 일을 하고 있는지 자신을 한번 점검해 볼 수 있기를 바랍니다.

"무슨 일을 하든지 마음을 다하여 주께 하듯 하고 사람에게 하듯 하지 말라"(골 3:23). 바로 이것이 진실한 삶입니다. 상대방이 내게 어떻게 행하느냐에 따라 내가 어떻게 반응할지가 결정되는 것이 아닙니다. 우리가 주님께 사랑을 받았으니 주님이 사랑하시는 상대방을 내가 주님의 사랑으로 사랑하는 것입니다. 주님께 받은 사랑을 가족과 이웃에게 갚는 것입니다. 우리가 십자가 사랑의 메아리로 삶을 살아갈 때 우리의 삶이 진실한 삶이 되고, 우리가 진실한 삶을 살 때 우리의 삶이 하나님의 영광과 찬송이 됩니다.

어느 마을에 예수님을 잘 믿는 부지런한 농부가 있었습니다. 그는 늘 기쁨과 감사로 충만했습니다. 그리고 남보다 부지런해서 논에 항상 물이 찰랑찰랑 넘쳤습니다. 어느 해엔가 날씨가 몹시 가물었습니다. 그렇지만 이 집 논에는 물이 가득했습니다. 아침 일찍 나와서 물을 잘 받아 놓았기 때문입니다.

그런데 어느 날 농부가 논에 나와 보니까 물이 싹 빠져 있었습니다. 이상했습니다. 분명히 어제저녁에 옆집 논에 물이 없었는데 물이 가득했습니다. 알고 보니 옆집 사람이 밤에 살짝 나와서 논둑을 허물어 자기 논으로 물을 다 빼갔던 것입니다. 이럴 수가 있느냐면서 따지고 사과를 받아 냈습니다. 한 번만 더 그러면 물을 다 빼앗아 올 것이라고 으름장을 놓았습니다.

며칠 후 논에 가 보았더니 또 옆집 사람이 물을 빼 갔습니다. 농부는 화를 내면서 따졌습니다. 그러자 꼼짝 못하고 물을 도로 다 물어주었습니다. 그런데 집에 돌아온 농부의 마음이 답답하고 기쁨이 없었습니다. 그래서 주님께 기도했습니다. "주님, 제가 정당한 일을 했는데 왜 마음속에 기쁨이 없는 것입니까?" 기도 중에 성령이 그의 마음속에 조용히 말씀하셨습니다. "너는 왜 정당한 것에 만족하느냐? 정당한 것에 만족하지 말고 더 위대한 일을 해라." 농부는 "정당한 일 말고 더 위대한 일이 무엇일까?" 자문하면서 기도하다 깨달음을 얻었습니다.

다음 날 농부는 일찍 일어나 논에 갔습니다. 옆집 사람이 물을 빼 가기 전에 먼저 자기 논에 있는 물을 옆집 사람의 논에 다 빼 주었습니다. 그리고 자기 논에 물을 새로 채웠습니다. 집으로 돌아가는 그의 마음속에는 기쁨과 평화가 가득했습니다. 예수님의 마음으로 행했기 때문입니다. 이것이 나도 행복하고, 상대방도 행복하게 하고, 하나님이 영광 받으시는 일입니다.

사랑하는 성도여, 지극히 선한 것을 분별하고 진실합시다. 바울이 빌립보 성도들에게 권면했듯, 우리도 예수님을 잘 믿는 만점짜리 성도가 됩시다. 더 높은 지경에 이르기를, 더 진보하기를, 하나님을 더 사랑하는 믿음의 성도가 되기를 간절히 바랍니다.

천국에서 거둘 것을
심어야 합니다

누가복음 12:32-34; 갈라디아서 6:7-9

심은 그대로 거두는 것은
진리입니다

어느 마을에 욕심 많고 악한 주인과 예수님을 신실하게 믿는 종이 있었습니다. 종은 주인의 구원을 위해서 늘 기도했습니다. 어느 해에 종이 보리 대신 주인이 가장 싫어하는 귀리를 심었습니다. 추수 때가 되었습니다. 밭에 나간 주인은 종이 심으라는 보리는 안 심고 귀리를 심었다는 사실에 대노했습니다. 그러자 종이 이야기했습니다. "주인님, 보리가 나오기를 바라며 귀리를 심었나이다." 이 말에 주인은 깜짝 놀라며 말했습니다. "무슨 바보 같은 소리냐! 귀리를 심고 보리를 거뒀다는 이야기를 들은 적이 있느냐!" 그제야 종은 자신이 귀리를 심은 이유를 이야기했습니다. "주인님은 쉬지 않고 세상 밭에 악의 씨를 심으면서 부활의 날에는 선한 열매를 거두어들이기를 바라고 있지 않습니까? 그러므로 저도 귀리를 심고 보리를 거둬들여 보려고 심었나이다."

우리는 심은 대로 거두기를 소망해야 합니다. 좋은 것을 거두기 원하면 좋은 것을 심어야 하고, 많이 거두기를 원하면 많이 심어야 합니다. 심지 않고 거두기를 원하는 어리석음을 피해야 합니다. 우리는 과연 무엇을 얼마나 심고 있습니까? 거두기 원하는 것을 심고 있습니까?

추수철인 가을이 오기 전에는 부지런한 농부나 게으른 농부나 별 차이가 없습니다. 그러나 가을이 되면 드러납니다. 심판 때가 되기 전에는 악하게 사는 사람이나 선하게 사는 사람이나 별 차이가 없습니다. 그러나 심판 날 분명하게 드러납니다.

계절에 가을이 있듯이 인생에도 가을이 있습니다. 추수할 때, 심판 때가 있습니다. "진실로 진실로 너희에게 이르노니 죽은 자들이 하나님의 아들의 음성을 들을 때가 오나니 곧 이때라 듣는 자는 살아나리라 아버지께서 자기 속에 생명이 있음같이 아들에게도 생명을 주어 그 속에 있게 하셨고 또 인자 됨으로 말미암아 심판하는 권한을 주셨느니라 이를 놀랍게 여기지 말라 무덤 속에 있는 자가

다 그의 음성을 들을 때가 오나니 선한 일을 행한 자는 생명의 부활로, 악한 일을 행한 자는 심판의 부활로 나오리라"(요 5:25-29).

이 땅에서 아무렇게나 살아도 괜찮은 것처럼 보일 수 있습니다. 악을 행하면서도 잘 먹고 잘 사는 사람이 많습니다. 그러나 언제까지 그럴 수 있을까요? 심판의 때가 있다는 사실을 기억하십시오.

심고 거두는 데
반드시 알아야 할 원리가 있습니다

"스스로 속이지 말라 하나님은 업신여김을 받지 아니하시나니 사람이 무엇으로 심든지 그대로 거두리라 자기의 육체를 위하여 심는 자는 육체로부터 썩어질 것을 거두고 성령을 위하여 심는 자는 성령으로부터 영생을 거두리라 우리가 선을 행하되 낙심하지 말지니 포기하지 아니하면 때가 이르매 거두리라"(갈 6:7-9). 이 말씀은 우리에게 "너희는 천국을 향하여 가고 있는 자들이다. 너희는 천국에서 영원히 살 자들이다. 이 땅에서의 삶은 심는 삶이다. 우리가 심은 것은 천국에서 거둔다"라고 알려 줍니다.

그렇다면 우리는 이 땅에 살면서 무엇을 심어야 할까요? 잘 먹고 잘 사는 데 치중해야 할까요, 아니면 천국에서 큰 자가 되기 위해 심어야 할까요? 가장 지혜로운 삶을 살기 위해서 우리는 무엇을 심어야 하겠습니까?

시차의 원리: 심고 때를 기다리세요

주님이 원하시는 대로 지혜롭게 심기 위해서는 첫째, 파종의 때와 추수의 때가 다르다는 사실을 명심해야 합니다. '시차의 원리'를 기억해야 한다는 의미입니다. 금방 심어서 금방 걷는다면 누구나 좋은 것을 심을 것입니다. 그러나 심고 거두는 사이에 시차가 있기 때문에 많은 사람이 나쁜 것을 심어도 괜찮다고 생각해 함부로 심습니다. 한편 좋은 것을 심고도 금방 열매가 나지 않는다며 낙심하기도 합니다.

주님은 그런 우리에게 "농부를 보고 배우라"고 말씀하십니다. 농부는 금방 심고 금방 거두기를 원하지 않습니다. 봄에 심고 가을까지 오래 기다립니다. 이처럼 선한 일을 행하면서 심판의 때까지 낙심하지 말고 기다리라고 성경은 우리에게 권면합니다.

"그러므로 형제들아 주께서 강림하시기까지 길이 참으라 보라 농부가 땅에서 나는 귀한 열매를 바라고 길이 참아 이른 비와 늦은 비를 기다리나니 너희도 길이 참고 마음을 굳건하게 하라 주의 강림이 가까우니라 형제들아 서로 원망하지 말라 그리하여야 심판을 면하리라 보라 심판주가 문밖에 서 계시니라 형제들아 주의 이름으로 말한 선지자들을 고난과 오래 참음의 본으로 삼으라

보라 인내하는 자를 우리가 복되다 하나니 너희가 욥의 인내를 들었고 주께서 주신 결말을 보았거니와 주는 가장 자비하시고 긍휼히 여기시는 이시니라"(약 5:7-11).

농부는 앞에 있는 추수의 기쁨을 누리기 위해 인내하며 심고 또 심습니다. 이처럼 하나님께 기도했으나 금방 응답이 없고, 선언했으나 바로 변화되지 않더라도 낙심하지 말고 인내하며 기도하고 또 기도해야 합니다.

유통기한의 원리: 곧 거두는 날이 옵니다

둘째, 지혜롭게 심기 위해서는 '유통기한의 원리'를 기억해 영원한 것에 집중해야 합니다. 우리 삶에 유통기한이 얼마 남지 않았음을 기억해야 한다는 뜻입니다.

"적은 무리여 무서워 말라 너희 아버지께서 그 나라를 너희에게 주시기를 기뻐하시느니라 너희 소유를 팔아 구제하여 낡아지지 아니하는 배낭을 만들라 곧 하늘에 둔바 다함이 없는 보물이니 거기는 도둑도 가까이하는 일이 없고 좀도 먹는 일이 없느니라"(눅 12:32-33). 여기서 '적은 무리'는 제자들을 가리킵니다. 이 말씀은 예수님이 무리를 대상으로 하신 말씀이 아닙니다. 수많은 무리가 예수님을 따랐습니다. 그들의 관심은 하나님 나라에 있지 않았고, 지금 당장의 기쁨, 병 고침, 먹을 것에 있었습니다. 그들은 예수님에게서 현재적인 축복만을 보고 그분을 따랐습니다. 그와 달리 제자들은 하나님 나라를 소망했습니다. 그런데 그 수가 적었습니다. 마찬가지로 오늘날에도 많은 사람이 예수님을 따르지만 하늘나라에 초점을 맞춘 사람은 그 숫자가 적습니다.

안타깝게도 전 세계적으로 이런 현상이 일어나고 있습니다. 번영신학이 마치 복음처럼 유행하고 있습니다. 번영신학은 하나님이 역사의 주인이시기 때문에 하나님을 잘 섬기면 이 땅에서 잘 먹고 잘 살아야 한다고 말합니다. 예수님을 잘 믿으면 건강하고 이 땅에서 성공한다고 가르칩니다. 하지만 그렇지 못하면 "예수님을 제대로 믿지 못한 것이다. 믿음이 부족한 탓이다"라고 말합니다.

제2차 세계대전 이후 세계 경제 성장이 갈급했던 시기에 맞추어 번영신학이 전파되면서 전 세계적으로 많은 사람이 교회로 몰려들었습니다. 성공하기 위해서, 세상 복을 받기 위해서였습니다. 로버트 슐러(Robert Schuller) 목사의 수정교회, 조엘 오스틴(Joel Osteen) 목사의 레이크우드 교회가 대표적입니다. 많은 사람이 "예수 믿고 이 땅에서 번영을 누리자!" 하며 그 교회들로 모여들었습니다. 물론 예수님을 믿은 후 건강해지고 부유해지고 성공할 수 있습니다. 예수님을 잘 믿는 나라가 잘 사는 것도 사실입니다. 그러나 번영이 하나님이 우리에게 주신 복음의 핵심이거나 축복의 중심 메시지는 아닙니다.

실제로 예수님은 수많은 사람의 병을 직접 고치셨습니다. 그리고 수많은 사람을 배불리 먹이기도 하셨습니다. 그러나 예수님이 이 일을 위해 이 땅에 오신 것은 아닙니다. 예수님은 십자가를 지기 위해 이 땅에 오셨습니다. 우리의 죄 문제를 해결하고 우리가 천국에서 영원히 살도록 하시기 위해서 이 땅에 오신 것입니다. 죄를 용서받아 지옥을 면하고 천국에서 영원히 사는 것이 바로 예수님이 우리에게 주기 원하시는 것입니다.

그러나 안타깝게도 많은 사람이 천국에 관한 일은 내일 일로 치부하고, 지금 당장 여기서 잘 먹고 잘 살기를 원합니다. 그래서 번영신학을 외친 미국의 교회들은 초대형교회가 되었습니다. 한국도 마찬가지로 번영신학의 메시지를 말하는 교회에는 사람들이 많이 몰려듭니다. 주님은 우리에게 "좁은 문으로 들어가라"(마 7:13)라고 말씀하셨습니다. 그리고 이어서 "생명으로 인도하는 문은 좁고 길이 협착하여 찾는 자가 적음이라"(마 7:14)라고 하셨습니다.

많은 사람이 구원받아 천국에 갈 것이라고 생각합니까? 성경은 교회가 구원의 방주라고 말합니다. 방주를 통해서 구원받은 사람은 겨우 8명밖에 안 됩니다(창 7:7). 사람이 많이 가는 넓은 길이 옳은 길이라고 생각하지 마십시오. 좁은 길은 적은 무리가 가는 길입니다. 내가 예수님을 바로 믿고 있는지 진지하게 살펴야 합니다.

십자가 신학은 이 땅에서의 번영보다는 천국의 영광에 더 소망을 둡니다. 천국의 영광을 사모하는 사람은 이 땅에서 그리스도와 함께 고난받아야 합니다. 십자가의 고난에 동참하지 않은 사람이 부활의 영광에 동참할 수는 없기 때문입니다.

천국의 영광을 사모하는 사람은 기꺼이 십자가 지기를 소망합니다. 사도 바울은 "그리스도의 남은 고난을 그의 몸 된 교회를 위하여 내 육체에 채우노라"(골 1:24)라고 고백했습니다. '그리스도의 남은 고난'이란 예수님 때문에 복음을 전하고자 기꺼이 고난받고 짊어져야 할 내 몫의 십자가를 지는 삶을 의미합니다. 그 삶을 사는 것이 바로 십자가 신학을 따르는 자의 삶입니다.

번영신학을 따르기 원합니까, 십자가 신학을 따르기 원합니까? 이 땅에서 잘 먹고 잘 살기를 원합니까, 천국에서 영광스러운 자가 되기를 원합니까? 솔직히 말하면 둘 다 하고 싶습니다. 그러나 넓은 길과 좁은 길을 동시에 갈 수는 없습니다. 어디에 더 관심을 둘 것인지 선택해야 합니다.

물론 이 땅에서의 번영이 의미 없다고 말하고 싶지는 않습니다. 건강하고 부유하게 사는 것이 얼마나 중요한지 잘 알고 있습니다. 그러나 이 땅에서의 번영은 유통기한이 너무 짧습니다. 유통기한이 끝나는 순간 그 상품은 쓰레기로 변합니다. 미국 풀러신학교 근처에 있는 대형 슈퍼마켓은 토요일 즈음이면 유통기한이 하루 남은 음식을 산더미처럼 쌓아 둡니다. 유통기한이 지나는 순간 판매가 불가능해지기 때문입니다. 그러면 가난한 신학생들이 가져다가 먹습니다.

우리가 가진 재산, 지위 등은 인간의 유통기한인 생명이 끝나는 순간 아무것도 아닌 것이 됩니다. 우리의 생명이 끝나는 순간 그 대단해 보였던 번영은 무의미해집니다.

며칠 전에 목이 아파서 교회 집사님이 운영하시는 병원에 갔습니다. 목이 많이 부어 있으니 주사를 맞는 것이 좋겠다고 해서 항생제를 주사하고 수액을 맞았습니다. 병원 침대에 누워서 똑똑 떨어지는 수액을 바라보면서 이 말씀을 저 자신에게 적용해 보았습니다. '저 수액이 끝나는 순간 죽는다면, 그 순간 나에게는 무엇이 남을 것인가? 과연 무엇이 의미 있을까?'

그 순간 제게 있는 적금 통장이 무슨 의미가 있습니까? 제가 가진 학위는 또 어떻습니까? 진정 의미 있는 것은 오직 '나를 통해서 얼마나 많은 사람이 구원받았는가?'일 것입니다. 내가 주님께 드린 물질, 내가 구제한 물질만이 천국으로 갑니다. 나머지 내가 가지고 누린 것은 전부 땅에 있으며 천국에 가져가지 못하는, 유통기한이 얼마 남지 않은 쓰레기에 불과합니다.

우리의 삶에 유통기한이 얼마 남지 않았다는 사실을 반드시 기억하십시오. 남은 기한을 잘 이용해야 합니다. 유통기한이 단 하루 남은 음식이라도 놓아두면 신학생들이 갖다 먹고 공부를 잘 마칠 수 있기에 귀한 물질이 됩니다. 천국의 상급이 되는 것입니다. 그 음식이 아까워서 하루라도 더 진열했다가 팔지 못하면 그저 쓰레기가 되어 처리해야 할 뿐입니다. 섬길 수 있는 기회, 드릴 수 있는 기회가 많이 남아 있지 않습니다. 쓰레기로 변하기 전에 빨리 사용해야 합니다.

주님은 결코 보화를 포기하라고 하지 않으십니다. 오히려 "그 보화를 천국으로 가져가라!" 하십니다. 얼마나 귀한 돈입니까? 그러니 쓰레기로 만들어선 안 되고 천국으로 가져가야 합니다. 어떻게 보화를 천국으로 가져갈 수 있습니까? 가난한 사람을 구제하고 베푸는 것이 곧 보화를 천국으로 가져가는 일입니다. 내가 가진 물질로 나만 누리겠다고 아득바득 욕심을 부려 봐야 다 쓰지 못합니다. 그러니 마지막이 오기 전에 잘 써야 합니다.

거두기 원하는
바로 그것을 심으십시오

데이비드 플랫(David Platt) 목사님의 책 《복음이 울다》(두란노, 2019)에 나오는 이야기입니다. 그는 자신의 자녀가 있지만 몇 명의 아이들을 입양해서 키웠습니다. 아이들을 키우는 일이 참 행복했습니다. 그래서 한 아이를 더 입양해야겠다고 생각해 히말라야 근처에 사는 한 소녀를 입양하기로 결정했습니다. 그런데 입양 절차를 진행하는 중에 갑자기 그 나라의 정책이 바뀌어 해외 입양이 전면 금지되었습니다. 아이를 입양할 수 있는 길이 막혔습니다. 주선한 기관에서 말했습니다. "히말라야 근처에는 정말 딱한 처지에 있는 아이들이 많이 있습니다. 이번 기회에 히말라야 트레킹을 한번 해 보시면 어떻겠습니까?"

그는 제안대로 8일간 히말라야 트레킹을 했습니다. 히말라야 지역 오지에 있는 마을을 찾아다니면서 살폈는데, 처음에는 그들의 육체적 고난이 가슴에 와 닿았습니다. 너무 가난하고 아파도 치료받지 못하는 모습을 보면서 정말 불쌍해서 울었습니다. "하나님, 어찌 이들을 이런 고통 속에 두십니까?" 하나님께 절규하며 기도했습니다. 그다음에는 그들의 영적인 어두움과 가난 때문에 가슴이 너무 아팠습니다. 태어나서 한평생 예수님의 복음을 들어보지 못하고 죽어 가는 사람들이 너무나 많았던 것입니다.

그렇게 안타까워하던 차에 한 마을에 가 보니, 마을에서 어린 아이들을 가르치고 있는 천사 같은 사람이 있었습니다. 그녀의 이름은 알리샤였습니다. 알리샤의 부모님은 그 마을에 사는 맹인의 전도를 통해 예수님을 믿게 되었습니다. 마을 사람들이 예수를 믿으면 죽인다고 협박했지만 아랑곳하지 않았습니다.

그런데 하루는 알리샤의 부모님이 산길을 가다가 낭떠러지에서 떨어져 죽고 말았습니다. 나중에 알고 보니, 마을 사람들이 돌로 쳐 죽이고는 벼랑 밑으로 던져 버린 것이었습니다. 알리샤는 그 사실을 알면서도 자신의 부모님을 순교하게 한 마을의 어린아이들을 가르치는 교사로 일하고 있었던 것입니다. 그 모습이, 그 사랑이 너무 아름다웠습니다.

베일리라는 60대 초반 즈음으로 보이는 남자도 만났는데, 그는 평생 농업공학에 몸을 바친 사람으로서 퇴직 후에 히말라야에서 그 지역 사람들을 돕고 있었습니다. 그들은 농업 기술이 열악해서 식량 문제 때문에 고통을 받고 있었습니다. 그런데 베일리가 가진 '아쿠아폴리스'라는 기술이 마을 사람들에게 유익을 주고 있었습니다.

이 기술은 송어의 분비물을 통과시킨 물을 식물에 공급하고, 식물에게 준 물을 다시 회수해 순환시키는 방식입니다. 송어의 분비물에는 질산염이 풍부해서 식물의 좋은 비료가 되었습니다. 그리고 식물이 질산염을 다 흡수하고 나면 물이 깨끗해졌고, 다시 송어가 그 물을 먹는 방식으로 순환되었습니다. 이 방식을 사용하면 송어도 많이 키울 수 있고 곡식도 잘 자라서 식량이 풍부해집니다.

그는 이렇게 고백했습니다. "남아프리카 해변에서 멋있게 여생을 보내고 싶지 않습니다. 저는 오히려 주님을 위해서 이곳에 남아, 제가 가진 기술을 이들을 위해 사용하는 것이 너무 기쁘고 감사합니다." 이 고백을 들은 데이비드 플랫 목사님은 큰 도전을 받았습니다. 이 책에는 자신도 정말 주님을 위해 살고 싶다는 마음을 담은 기도문이 실려 있습니다. 소개하면 다음과 같습니다.

"하나님, 제게 주신 모든 선물을 복음 전파를 위해 사용하고 싶습니다. 주님이 맡겨 주신 모든 것을 영원한 보물을 쌓는 일에 사용하고 싶습니다. 제가 무엇을 하기 원하십니까? 이런 곳으로 들어오길 원하십니까? 제가 이런 사람 가운데 살면서 제자를 삼고 목회자를 훈련시키길 원하십니까? 제게 주신 모든 것으로 주님이 원하시는 일을 하고 싶습니다. 주님, 진짜 보물, 영원한 보물, 끝없는 만족을 주는 보물을 위해 살고 싶습니다. 예수 그리스도의 이름으로 기도합니다. 아멘."

진짜 보물, 영원한 보물을 위해서 살아야 하지 않겠습니까? 인도와 아프리카 선교를 위해 일생을 바친 한 선교사가 이런 말을 남겼습니다. "예수 그리스도가 하나님이시며 나를 위해서 죽으셨다면 그분을 위한 나의 어떤 희생도 결코 크다고 할 수 없다. 인생은 한 번뿐이고 그것은 곧 지나가고 말 것이다. 그리스도를 위해서 한 일은 영원할 것이다."

이제 남은 삶은 누구를 위해 살 것입니까? 나를 위해 살겠습니까, 아니면 나를 위해 십자가를 지신 예수님을 위해 살겠습니까? 남은 삶은 무엇을 위해 심을 것입니까? 땅의 것을 위해서 심겠습니까, 하늘의 상급을 위해서 심겠습니까? 심는 것은 자유입니다. 거두는 것은 심판입니다. 심은 대로만 거둘 수 있습니다. 거두기 원하는 바로 그것을 심으십시오.

더 영광스러운 부활의 소망이 오늘을 살게 합니다

고린도전서 15:19-26, 39-58

예수 부활,
내 부활

1492년 스페인령 지브롤터 해안 끝에 작은 팻말이 하나 세워져 있었는데, '이 너머에는 아무것도 없다'(라. Ne Plus Ultra; 영. No More Beyond)는 의미의 라틴어 문구가 써 있었습니다. 바로 이곳이 이 세상의 끝이라는 의미입니다.

그런데 우리가 잘 알고 있는 대로 1492년 크리스토퍼 콜럼버스(Christopher Columbus)가 이 세상 끝을 넘어갔고, 이 너머에는 아무것도 없는 것이 아니고 신대륙이 있음을 발견했습니다. 그 후

팻말의 문구가 바뀌었습니다. 'Ne'(영. No)를 떼 버렸습니다. "이 너머에 더 많은 것이 있다"(라. Plus Ultra; 영. More Beyond).

예수님이 부활하시기 전까지 사람들은 죽음이 끝이라고 생각했습니다. 그래서 죽음을 당하면 슬퍼하고 절망했습니다. 예수님이 자신의 수난을 예고하면서 3일 만에 부활할 것을 말씀하셨지만, 제자들은 이해하지 못했고 곧 잊어버렸습니다.

예수님이 십자가에 못 박혀 죽으시고 아리마대 요셉의 무덤에 장사 지낸 상태에서 이제 안식일이 지났습니다. 새벽에 여인들이 예수님의 시체에 향품을 바르기 위해서 예수님의 무덤을 찾아왔습니다.

"안식 후 첫날 새벽에 이 여자들이 그 준비한 향품을 가지고 무덤에 가서 돌이 무덤에서 굴려 옮겨진 것을 보고 들어가니 주 예수의 시체가 보이지 아니하더라 이로 인하여 근심할 때에 문득 찬란한 옷을 입은 두 사람이 곁에 섰는지라 여자들이 두려워 얼굴을 땅에 대니 두 사람이 이르되 어찌하여 살아 있는 자를 죽은 자 가운데서 찾느냐 여기 계시지 않고 살아나셨느니라 갈릴리에 계실 때에 너희에게 어떻게 말씀하셨는지를 기억하라"(눅 24:1-6).

여인들은 천사의 말을 듣고 너무 기뻤습니다. 그래서 제자들에게 가서 예수님이 부활하셨다는 기쁜 소식을 알렸습니다. 그러나 대부분의 제자들은 믿지 않았고, 베드로와 요한만 빈 무덤에 가서 확인했습니다.

"사도들은 그들의 말이 허탄한 듯이 들려 믿지 아니하나 베드로는 일어나 무덤에 달려가서 구부려 들여다보니 세마포만 보이는지라 그 된 일을 놀랍게 여기며 집으로 돌아가니라"(눅 24:11-12). 예수님의 무덤은 비어 있었고 예수님의 시체가 없었습니다. 그들은 이상하다고만 생각했습니다.

심지어 제자들은 부활하신 예수님을 보고도 믿지 못했습니다. 예수님은 그들이 믿게 하시려고 "나를 만져 보라"(눅 24:39)고 하셨습니다. 하지만 그들은 여전히 믿지 못했습니다. 예수님은 "여기 무슨 먹을 것이 있느냐"(눅 24:41) 하시고는 구운 생선 한 토막을 드셨습니다.

제자들에게 예수님은 "내가 너희와 함께 있을 때에 너희에게 말한바 곧 모세의 율법과 선지자의 글과 시편에 나를 가리켜 기록된 모든 것이 이루어져야 하리라 한 말이 이것이라"(눅 24:44)라고 말씀해 주셨고, 그들의 마음을 열어 성경을 깨닫게 하셨습니다. 그리고 주님은 "너희는 이 모든 일의 증인이라"(눅 24:48)고 말씀하신 후 그들에게 축복하시고 그들을 떠나 하늘로 올라가셨습니다. 제자들은 큰 기쁨으로 예루살렘에 돌아가 하나님을 찬송했습니다.

이후 성령 충만해진 그들은 나가서 "예수 부활하셨다!" 하고 외쳤습니다. 이 소식이 땅끝까지 전파되어 오늘날 전 세계 곳곳에 교회가 세워졌고, 약 25억 명의 그리스도인들이 이 땅에 존재하고 있습니다. '예수님이 정말 부활하셨나?' 하고 의심하는 사람들이 있습니다. 예수님이 부활하셨다는 가장 확실한 증거가 있는데, 그것은 교회가 존재한다는 사실입니다. 부활이 없었다면 교회가 존재할 수 없었습니다.

그리스도인은 예수님의 부활을 믿고, 동시에 예수님이 부활하신 몸과 똑같은 몸으로 나도 부활할 것을 믿는 사람입니다. 그러므로 우리는 이 땅에 소망이 있지 않습니다. 만약 그리스도인으로서 이 땅에 소망이 있다면 가장 불쌍한 자입니다. 우리의 소망은 부활에 있습니다. "만일 그리스도 안에서 우리가 바라는 것이 다만 이 세상의 삶뿐이면 모든 사람 가운데 우리가 더욱 불쌍한 자이리라"(고전 15:19). 반면에 우리가 부활을 분명히 믿는다면 우리가 세상에서 가장 행복한 자가 됩니다.

예수님의 부활이 예수님의 부활로 끝나면 아무 의미가 없습니다. 예수님의 부활이 나의 부활로 연결되어야 합니다. 그러면 부활의 첫 열매이신 예수님을 따라서 우리도 부활하려면 어떻게 해야 할까요?

부활의 조건,
주님과 하나 되기

예수님을 따라 우리도 부활하려면 부활의 첫 열매이신 예수 그리스도와 연합되어야 합니다. "그러나 이제 그리스도께서 죽은 자 가운데서 다시 살아나사 잠자는 자들의 첫 열매가 되셨도다 사망이 한 사람으로 말미암았으니 죽은 자의 부활도 한 사람으로 말미암는도다"(고전 15:20-21).

우리는 예수님이 나의 죄로 인해 십자가에 못 박혀 죽으셨다고 믿습니다. 그러나 십자가가 구원의 전부는 아닙니다. 구원을 나무에 비유한다면 십자가는 뿌리와 같고 부활은 열매와 같습니다. 나무를 심는 최종 목적이 열매를 얻기 위함이듯, 예수님을 믿는 최종 목적은 부활을 얻기 위함입니다. 예수님은 나를 위해 십자가를 지고 죽으셨을 뿐 아니라 나를 위해 부활하신 분입니다.

그런데 예수님이 어떻게 부활의 첫 열매가 되십니까? 에녹과 엘리야, 나사로도 있지 않습니까? 앞서 설명했듯이, 에녹과 엘리야는 죽음을 보지 않고 바로 하늘로 올라갔기 때문에 부활한 것이 아닙니다. 나사로는 죽었다가 다시 살아났지만, 또 죽었기에 부활한 것이 아닙니다.

그렇다면 부활의 진정한 정의가 무엇이겠습니까? 육체의 생명은 죽고 영체로, 즉 신령한 몸으로 다시 살아나서 영원히 죽지 않는 것이 바로 부활입니다. 그런 의미에서 부활하신 분은 지금까지 예수님 한 분뿐이십니다. 따라서 예수님이 부활의 첫 열매가 되십니다. 그리고 우리가 예수 그리스도와 연합된다면 부활하신 예수님과 똑같은 몸으로 우리 또한 부활하게 되는 것입니다. 예수님의 몸은 죽지 않는, 영원히 사는 몸입니다.

"형제들아 내가 이것을 말하노니 혈과 육은 하나님 나라를 이어 받을 수 없고 또한 썩는 것은 썩지 아니하는 것을 유업으로 받지 못하느니라"(고전 15:50). 우리가 갖고 있는 혈과 육으로 된 몸은 죽는 몸입니다. 이 몸은 영원히 살 수 없습니다. "죽은 자의 부활도 그와 같으니 썩을 것으로 심고 썩지 아니할 것으로 다시 살아나며 욕된 것으로 심고 영광스러운 것으로 다시 살아나며 약한 것으로 심고 강한 것으로 다시 살아나며 육의 몸으로 심고 신령한 몸으로 다시 살아나나니 육의 몸이 있은즉 또 영의 몸도 있느니라"(고전 15:42-44).

우리는 영의 몸, 즉 영체로 천국에서 주님과 함께 영원히 삽니다. 영체, 신령한 몸, 영의 몸은 육체와 영혼의 장점만 가진 몸입니다. 볼 수 있습니다. 만질 수 있습니다. 음식도 먹을 수 있습니다. 육체의 모든 기능을 다 갖고 있습니다. 그렇지만 시간과 공간의 제한을 받지 않습니다. 요한복음 20장 19절을 보면, 제자들이 유대인들을 두려워하여 모인 곳들의 문들을 닫았는데 예수님이 문도 열지 않고 갑자기 나타나셔서 그들에게 부활하심을 보이셨습니다. 이 일은 얼마 후 예수님이 제자들에게 다시 나타나실 때도 일어났습니다(요 20:26).

이 몸은 자유로운 몸, 죽지 않는 몸, 죽음보다 더 강한 몸, 영광스러운 몸입니다. 이 몸을 입고 영원히 사는 것이 우리의 소망입니다. 따라서 그리스도인들은 약할 때, 병들 때 더욱더 부활을 소망합니다. 이를 위해서는 예수 그리스도와 연합되어야 합니다. 그것이 바로 영적 결혼입니다. 결혼은 사랑 고백으로 이루어집니다. "당신을 나의 배우자로 맞아들이기 원합니다"라고 고백해야 합니다. 마찬가지로 예수님이 나의 죄 때문에 죽으셨다고 믿고, 예수님이 부활하신 것처럼 나도 부활할 것을 믿고, 예수님이 나를 위해 부활하셨다고 믿고 고백해야 합니다.

그 사실을 믿고 고백했습니까? 그러면 예수 그리스도와 하나 된 것입니다. 이제 우리는 예수님과 연합되어 부활의 생명을 얻었습니다.

더 영광스런 부활을 위하여
힘을 씁시다

그러나 부활의 생명을 얻은 것이 전부가 아닙니다. 부활의 생명으로 어떻게 살아갈 것이냐가 더 중요합니다. 우리는 예수 그리스도와 연합하여 십자가에 못 박혀 함께 죽었습니다. 이제 내가 갖고 있는 몸은 부활하신 예수님과 연합하여 사는 부활하신 예수님의 생명입니다. 그러니 부활의 생명을 가지고 어떻게 살아야겠습니까? 더 영광스러운 부활을 위해 힘써야 합니다.

"하늘에 속한 형체도 있고 땅에 속한 형체도 있으나 하늘에 속한 것의 영광이 따로 있고 땅에 속한 것의 영광이 따로 있으니 해의 영광이 다르고 달의 영광이 다르며 별의 영광도 다른데 별과 별의 영광이 다르도다 … 우리 주 예수 그리스도로 말미암아 우리에게 승리를 주시는 하나님께 감사하노니 그러므로 내 사랑하는 형제들아 견실하며 흔들리지 말고 항상 주의 일에 더욱 힘쓰는 자들이 되라 이는 너희 수고가 주 안에서 헛되지 않은 줄 앎이라"(고전 15:40-41, 57-58).

그리스도인들은 결코 죽음으로 끝나지 않습니다. 죽음이 인간의 끝이 아닙니다. 우리는 모두 부활할 것입니다. 영광스러운 몸으로 부활해 성부 하나님의 자녀가 되어, 예수님의 신부가 되어, 성령의 교제 속에서 영원토록 천국에서 살며 사랑과 영광의 삶을 누릴 것입니다.

이 사실을 믿습니까? 이것이 우리의 소망입니다. 이 소망을 가진 사람은 다른 사람에게 부활의 기쁜 소식을 전해야 합니다. 사망에 대한 공포로 두려워 떠는 자들에게, 죄로 인해 죽어 가는 이웃들에게 "예수 그리스도를 믿으십시오. 예수님의 십자가를 믿으십시오. 당신의 모든 죄가 용서받을 것입니다. 예수님의 부활을 믿으십시오. 예수님처럼 당신도 부활하여 천국에서 영생하게 됩니다"라고 말해야 합니다. "보라 내가 너희에게 비밀을 말하노니 우리가 다 잠잘 것이 아니요 마지막 나팔에 순식간에 홀연히 다 변화되리니 나팔 소리가 나매 죽은 자들이 썩지 아니할 것으로 다시 살아나고 우리도 변화되리라"(고전 15:51-52).

그런데 성경에 의하면, 예수님을 믿는 우리는 모두 영광스러운 몸으로 변화되는데, 그 영광이 다르다고 합니다. 해와 달과 별이 다 빛나지만 그 밝기는 다르듯이, 우리가 영광스러운 몸으로 부활하지만 그 부활의 영광은 다 다르다는 것입니다. 심은 대로 거두는 것입니다. "육의 몸으로 심고 신령한 몸으로 다시 살아나나니 육의 몸이 있은즉 또 영의 몸도 있느니라"(고전 15:44). 육체로 심은 것을 신령한 몸으로 거두게 되는 것입니다. 우리가 이 땅에서 어떻게 살았느냐에 따라서 영체의 영광이 달라집니다.

구원은 은혜로 받습니다. 천국 가는 것은 십자가의 은혜로 이루어집니다. 그러나 부활의 영광에 동참하는 상급은 우리가 심은 것에 따라서 달라집니다. 공평합니까, 불공평합니까? 많이 심은 사람이 많이 거두는 것이 불공평합니까? 좋은 것을 심은 사람이 좋은 것을 거두는 것이 불공평합니까? 적게 심은 사람이든 많이 심은 사람이든 똑같이 거두는 것이 공평할까요? 그렇지 않습니다. 열심히 공부한 학생은 좋은 성적이 나오고, 열심히 공부하지 않은 학생은 좋은 성적이 나오지 않는 것이 공평한 것입니다.

구원은 은혜로, 선물로 받기 때문에 모든 사람에게 똑같이 주어집니다. 나의 행위와 무관합니다. 그러나 부활의 영광은 상급인데, 상급은 우리의 행위에 따라 달라집니다. 그러므로 어떻게 사느냐가 매우 중요합니다. 영원한 상급을 결정하기 때문입니다. 한번 결정되면 영원합니다. 이 땅에서 살아갈 때 상급을 소망한다면 그저 편하게 사는 것만을 추구해선 안 됩니다. 손양원 목사님은 천국의 상급을 소망하는 삶을 살았기 때문에 순교하기를 사모했습니다.

예수님은 산상 수훈에서 이렇게 말씀하셨습니다. "의를 위하여 박해를 받은 자는 복이 있나니 천국이 그들의 것임이라 나로 말미암아 너희를 욕하고 박해하고 거짓으로 너희를 거슬러 모든 악한 말을 할 때에는 너희에게 복이 있나니 기뻐하고 즐거워하라 하늘에서 너희의 상이 큼이라 너희 전에 있던 선지자들도 이같이 박해하였느니라"(마 5:10-12). 팔복 중에서 마지막 복은 의를 위하여 박해를 받는 것인데, 천국이 그들의 것이기 때문입니다. 그러므로 일부러 고난을 찾아갈 필요는 없겠지만, 주님의 상급이 주어지는 고난의 기회를 피하는 어리석은 일을 행해서는 안 될 것입니다. 주님이 고난을 주시면 기쁨으로 받고 상급 받는 기회가 되도록 만들어야 합니다.

우리 모두는 천국에 가기를 소망합니다. 동시에 우리는 천국에서 더 큰 상급 받기를 소망해야 합니다. 혹자는 "저는 천국만 가면 됩니다. 영광이나 면류관은 필요 없습니다"라고 말할지 모르겠습니다. 우리가 알아야 할 사실이 있습니다. 천국의 면류관은 나의 영광을 위해서도 중요하지만, 우리의 신랑 되신 주님께 영광을 돌리는 일에 쓰인다는 것입니다. 우리는 천국에서 면류관을 벗어 주님의 보좌 앞에 드리며 주님께 영광을 돌릴 것입니다.

만약 어떤 아내가 '나는 남편을 기쁘게 하고 싶지 않아. 나는 남편을 영광스럽게 하는 일에는 관심이 없어. 나만 편하면 돼'라고 생각한다면 정말 남편을 사랑한다고 할 수 있을까요? 마찬가지로 하나님이 주시는 상급을 향한 거룩한 소망이 없다면 정말 예수님을 사랑하는 사람이라고 할 수 없습니다.

나를 위해 십자가를 지신 예수님의 십자가 사랑에 어떻게 보답하겠습니까? 이제 조금 적게 먹고 조금 절약해서 작으면 작은 대로 우리 곁에 계신 주님을 돕고 주님의 영광을 위해서 상급을 쌓는 삶을 살아야 합니다. 그로써 주님께 받은 상급으로 받은 면류관을 주님의 보좌 앞에 드리며 세세토록 주님께 영광 돌리는 삶을 살기를 소망해야 합니다.

바로 이 소망을 가지고 사도 바울과 같이 고백합시다. "내가 그리스도와 그 부활의 권능과 그 고난에 참여함을 알고자 하여 그의 죽으심을 본받아 어떻게 해서든지 죽은 자 가운데서 부활에 이르려 하노니 내가 이미 얻었다 함도 아니요 온전히 이루었다 함도 아니라 오직 내가 그리스도 예수께 잡힌바 된 그것을 잡으려고 달려가노라 형제들아 나는 아직 내가 잡은 줄로 여기지 아니하고 오직 한 일 즉 뒤에 있는 것은 잊어버리고 앞에 있는 것을 잡으려고 푯대를 향하여 그리스도 예수 안에서 하나님이 위에서 부르신 부름의 상을 위하여 달려가노라"(빌 3:10-14).

시간이 얼마 남지 않았습니다. 우리는 말세지말에 살고 있습니다. 예수님이 언제 재림하실지 모르지만, 주님이 재림하시면 더 이상 상급을 심을 수 있는 기회는 없습니다. 이제 남은 시간 천천히 걸어가지 말고 상급을 향하여 달음박질하는, 주님을 위해 더욱더 힘쓰는 복된 성도가 되기를 바랍니다.

주님 앞에 서는 날, 주님이 우리에게 "잘하였도다, 착하고 충성된 종아!" 하실 때 주님께 큰 상급을 받고, 그 상급을 우리 신랑 되신 예수님께 돌려 드리면서 세세토록 주님을 기쁘시게 하고 영광스럽게 하는 사랑스런 그리스도의 신부가 되기를 간절히 바랍니다.

"주님, 우리를 위하여 십자가를 지심으로 우리의 죗값을 지불해 주시고, 우리를 위하여 부활하심으로 우리를 천국으로 인도해 주시니 감사합니다. 부활하신 예수님처럼 영광스러운 몸으로 부활하리라는 부활의 소망을 가지고 이제 천국의 상급을 심는 우리의 삶이 되게 은총을 더하여 주옵소서. 주님이 오시는 그날까지 부름의 상을 향하여 달음박질하고, 힘을 다하여 주님을 섬기는 우리의 남은 삶이 되게 하옵소서. 예수님의 이름으로 기도하옵나이다. 아멘."